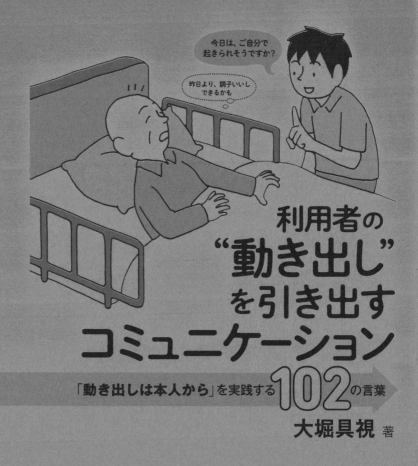

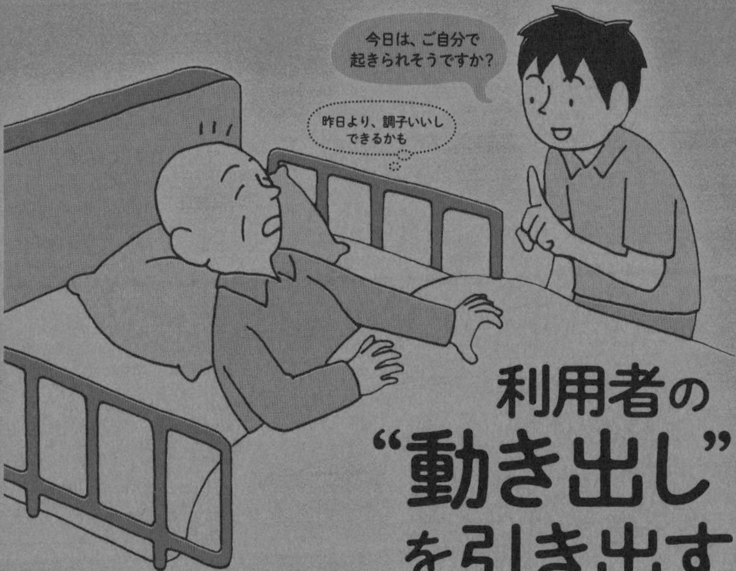
今日は、ご自分で
起きられそうですか？
昨日より、調子いいし
できるかも

利用者の“動き出し”を引き出すコミュニケーション

「動き出しは本人から」を実践する102の言葉

大堀具視 著

中央法規

はじめに

　コミュニケーションは、人と人とがかかわり合う相互の営みです。言葉や表情、身体表現などの手段を通して知覚や感情、思考が交わされます。相手が伝えてくることを受け入れ、理解すると同時に、自分の伝えたいことが相手に受け入れられ、理解される必要があります。コミュニケーションは、主客が常にはっきりしているわけではなく、むしろ互いに主体であることを認め合うことで展開されます。

　介護に置き換えて考えてみますと、利用者が伝えてくるわずかな言葉や表情、身体表現には、本人が身体で感じていることや感情、思考が隠れていることを信じて、その発信を探したり、促したりする姿勢が大切になります。また、私たちが繰り出す介助やその際の言葉、表情は、利用者に知覚され、その意図を理解されなければ、利用者から期待する反応も得られないことを承知しておく必要があります。つまり介護は、利用者と介助者が互いに発信し、受け止め、影響を与え合うコミュニケーションとしてみることができそうです。利用者がもつ言葉や表情、動きを引き出すには、介助者がコミュニケーションについて何を意識し、どう行うかがとても重要なのです。

　他者の身体に直接ふれ、安全に、かつ利用者の意思や動きも尊重して行われる介護というコミュニケーションは、緊張の連続です。特に相手のことをよく知らないうちは、なおさら緊張しますから、相手の情報を得ることでコミュニケーションのきっかけにします。しかし、医療や福祉の現場では病名や障害名、検査データ、要介護度や認知症の行動・心理症状（BPSD）の有無など、本人を見なくても得られる情報によって本人の印象が形成され、先入観として刷り込まれやすい傾向にあると思います。また、それらの情報は、ほとんどが本人をマイナスの方向にイメージ化してしまいます。そのイメージは、見えるはずのものを見えなくさせてしまうのです。だからこそ発する言葉、表情や仕草、また介助者が発したことへの反応など、本人を実際に見ることで得られる情報によって先入観を払拭し、利用者を正しく理解する態度が求められます。

介護はコミュニケーションです。介助者が発信するだけではなく、利用者も常に発信し続けています。本書では、その発信に気づく目と、その発信を感じられる手をもつために、つまり本当の意味で利用者主体の介護を実践するために、私たち介助者にとってヒントとなる「9つのポイント」を章ごとに挙げ、「102の言葉」で実践方法を解説しました。

この本は、「動き出しは本人から」という、介助者であれば誰もが大切に感じながらも、実はなかなか果たされない「利用者主体のケア」が、当たり前なものになってほしいという願いを込めて書きました。言葉は利用者の「動き出し」を引き出します。そのためには、介助者のコミュニケーションを少しだけ変えてみてください。そのコミュニケーションに利用者は応えてくれます。昨日までとは違う、本当の利用者の姿に気づかされることとなり、ケアはそれに共鳴し合う形で自然に変化し、成長するものと思います。

2021年3月　大堀具視

目次

はじめに

第1章 見てもらう、感じてもらう

1 見ることは「動き出す」こと
❶ 目は開けられますか？ —— 002
❷ 私の顔を見ていただけますか？ —— 004
❸ 周囲を眺めてみませんか？ —— 006

2 変化に気づいてもらう
❹ 身体が横向きになりましたよ —— 008
❺ 足がベッドの端まできましたよ —— 010
❻ 少し顔を上げてみませんか？ —— 012

3 視野の広さの分だけ動ける
❼ 顔をこちらに向けられますか？ —— 014
❽ 少し座っていましょうか？ —— 016
❾ 何か気になるものが見えますか？ —— 018

4 苦手な動作も、見ることで「動き出し」につながる
❿ 枕を見ていただけますか？ —— 020
⓫ 振り返っていすを見ていただけますか？ —— 022
⓬ 靴を見ていただけますか？ —— 024

コラム 視野が広がると聴野も広がる？ —— 026

第2章 尋ねる

1 隠された本当の力を知る
⓭ 起き上がることはできますか？ —— 028
⓮ 立ち上がることはできますか？ —— 030
⓯ 歩けますか？ —— 032

2 尋ねることでチャレンジが生まれる
⓰ できるところまでで結構ですよ —— 034
⓱ どうぞ、やってください —— 036
⓲ 歩けそうな感じはありますか？ —— 038

3 尋ねることは「動き出し」を引き出す
⓳ 家ではどうされていましたか？ —— 040
⓴ 恐ろしい感じがしますか？ —— 042
㉑ やってみたいですか？ —— 044

4 具体的に尋ねる
㉒ ふとんをめくっていただけますか？ —— 046
㉓ お尻を前にずらすことはできますか？ —— 048
㉔ どちらかの足を一歩、前に出せますか？ —— 050

コラム 使ってはいけない言葉①「痛いですか？」 —— 052

第3章 伺う

1 利用者が自分自身と向き合う
㉕ 調子はいかがですか？ — 054
㉖ トイレに行っておきますか？ — 056
㉗ どこに座りますか？ — 058

2 伺うことは、本人の思考を促す
㉘ 顔だけでもこちらに向けられそうですか？ — 060
㉙ 今日は、ご自分で起きられそうですか？ — 062
㉚ 一人で座っていられそうですか？ — 064

3 選択肢は利用者自身にある
㉛ 手すりを使いますか？ — 066
㉜ お手伝いしましょうか？ — 068
㉝ 私の手が離れても大丈夫ですか？ — 070

4 伺うことは「動き出し」を誘う
㉞ 起きてみませんか？ — 072
㉟ 立ってみませんか？ — 074
㊱ 歩いてみませんか？ — 076

コラム 使ってはいけない言葉②「だめ」「違う」 — 078

第4章 説明する、依頼する

1 生活の流れをイメージできる
㊲ 今日は△△時から〇〇があります — 080
㊳ 私の都合で申し訳ありません — 082
㊴ 30分後にお邪魔してもいいですか？ — 084

2 ほんのちょっと先の未来の予測が安心につながる
㊵ お手伝いしますので、
肩と腰を触らせていただきます — 086
㊶ 少しずつ身体が右に向きますよ — 088
㊷ 次に身体が起きてきますよ — 090

3 「安心」とセットで依頼する
㊸ 私の手がここにありますから、
倒れることはありませんよ — 092
㊹ 私が前にいますので安心して向かってきてください — 094
㊺ できなくても、何てことありませんから — 096

4 依頼は本人主体のコミュニケーションを促す
㊻ 〇〇していただけますか？ — 098
㊼ 〇〇だけお願いできますか？ — 100
㊽ 私が△△しますので、〇〇をお願いできますか？ — 102

コラム 使ってはいけない言葉③「〇〇に力を入れてください」 — 104

第5章 期待して、信用する

1 理解している前提で声をかける
㊾ 急にふれられたらいやですよね — 106
㊿ 自分から動き出すのは恐ろしいですよね — 108
51 頼れるところがわかると安心しますね — 110

2 相手を信用し、自分をさらす
52 私も緊張していますので、一緒ですね — 112
53 昨日、〇〇なことがあったのですよ — 114
54 先ほど、〇〇なことがありましたね — 116

3 期待するから応えてくれる
55 できそうな感じがしませんか？ — 118
56 〇〇する力は十分にありますよ — 120
57 できますよね — 122

4 信用するから応えてくれる
58 〇〇しようとしてくれていますね — 124
59 どうぞやってみてください — 126
60 きっとできますよ — 128

コラム 使ってはいけない言葉④「危ない」 — 130

第6章 変化に気づき、認める

1 表情による発信に気づき、認める
61 私の顔を見てくれていますね — 132
62 目もしっかり開いていますね — 134
63 いい表情になっていますよ — 136

2 身体による発信に気づき、認める
64 やろうとしている気もちは伝わりますよ — 138
65 動いていただいているのがわかります — 140
66 それでいいですよ — 142

3 表情の変化に気づき、認める
67 顔つきが変わりましたね — 144
68 顔が引きしまって見えますよ — 146
69 若いころのお顔が想像できます — 148

4 表情による発信に応える
70 何か用事はありますか？ — 150
71 お呼びですか？ — 152
72 視線を感じましたので… — 154

コラム 「動き出し」を認められない人の他者とのつながり — 156

第7章 ゆっくりふれる、そっと支える

1　言葉以外のコミュニケーションを大切にする
73 見つめる — 158
74 うなずく — 160
75 表情を変える — 162

2　「動き出し」を誘う身体表現
76 手を広げる — 164
77 一歩引く — 166
78 他のことを始める — 168

3　ゆっくり
79 急がなくていいですよ — 170
80 ゆっくり動きますから安心してください — 172
81 動いているのがわかりますか？ — 174

4　そっと
82 私の手はここです — 176
83 少しだけ私の手をゆるめていきます — 178
84 どちらかの手をゆっくりと離すことができそうですか？ — 180

コラム 手で見る — 182

第8章 「環境」を整える

1　「動き出し」を左右する環境
85 ベッドの高さが上がります — 184
86 しっかりとした台を置きました — 186
87 ベッドを触ってみましょうか？ — 188

2　私たちも「環境」の一つ
88 私に身体をあずけていいですよ — 190
89 私の身体を使っていいですよ — 192
90 私の身体をさすってくれますか？ — 194

3　習慣を意識した環境設定
91 寝心地はどうですか？ — 196
92 車いすの位置はここでいいですか？ — 198
93 今日は私と歩きましょうか？ — 200

4　身体の環境整備
94 腰の位置を少しずらしておきますね — 202
95 座り直しをお願いします — 204
96 十分に力が入っていますよ — 206

コラム 探りを入れる — 208

第9章 生活をスタートさせる

97 起き上がりますので、
ふとんをめくっていただけますか？ — 210
98 クッションを外しますので、
協力をお願いします — 212
99 枕の位置を整えますので、
頭を上げていただけますか？ — 214
100 血圧を測りますので、
腕を出していただけますか？ — 216
101 やっていていいですよ — 218
102 すべてうまくいっています — 220

引用文献

おわりに

第 1 章
見てもらう、感じてもらう

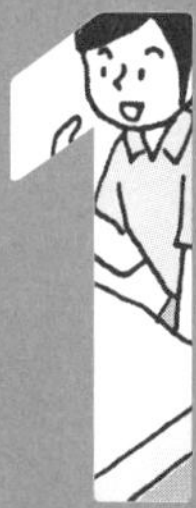

コミュニケーションは、それぞれがおかれている状況によって活発になることもあれば、逆に、はずまないこともあるでしょう。自宅にいるときなど、自分がよく見知った、安心できる環境下では、私たちは自由に行動し、そこでは自然な会話が生じます。自分がどこにいて、周囲には誰がいて、今、何が起きているのかがわかっていることが前提にあるのです。言葉や動きを引き出そうとするのではなく、まずは相手に「見てもらう」「感じてもらう」ことからコミュニケーションは始まります。

1

使いたい言葉 ❶

目は開けられますか？

目を開けてもらうのではなく、
目を開けるかどうかを本人に委ねる。

介助の際に利用者が目を閉じていると、「目を開けてください！」「目を開けて！」と連呼したり、本人の耳元で大きな声を出したり、身体や顔を揺すったりすることはないでしょうか。しかし、そういうときほど、なかなか目を開けてもらえず、悪戦苦闘し、結局、介助もうまくいかないという経験があると思います。おそらく本人にしてみれば、「聞こえますよ。わかっていますよ。でも、あなたのために目を開けるわけではありません」といった気もちでしょうか。耳元で、大きな声を出されたり、大きく身体を揺すられたりしたら、目を開けたくなくなるということも理解できます。

見ることは、目の前に誰がいて、周囲がどうなっているのかを理解するという意味で、安心して動くための基盤になります。一方で、私たちはジェットコースターやホラー映画のワンシーンでは目をぎゅっとつむることがあるように、処理しきれない情報は遮断します。見たくないものは見ません。つまり「見ること」と同様に、「見ないこと」も本人が選択しています。したがって、「**目は開けられますか？**」と本人に委ねる態度でいることが大切なのです。

目を開けることが目的なのではなく、「目の前に誰がいて、周囲がどうなっているかがわかること」が大切なのですから、利用者が目を開けられない場面では、「目を開けてください」という指示を重ねるよりも、介助者は誰で、どこにいて、何をするのかが伝わるような声かけをして、安心していただくことで、介助の過程で、利用者が目を開けることも多分にあります。

やってみよう！

利用者が目を開けられない理由を考えてみる。

1

2

使いたい言葉 ❷

私の顔を見ていただけますか？

介助者から利用者の顔をのぞき込むのではなく、利用者から介助者の顔を見てもらう。

利用者の耳が遠い、視力が弱いなど、さまざまな事情はあるのでしょうが、介助者から利用者の顔に近づき、のぞき込むように声をかけていないでしょうか。目には多くの情報が入ってきますが、とりわけ何か動作をする際には、動き出す方向を自ら見て、状況を認識し、手すりなど動くための手がかりを得たり、利用したりしています。つまり「見る」ということは、自分にとって意味ある情報を選択するという本人主体の自発的な行為です。

しかし、介助者が安易に利用者をのぞき込むようなかかわりをすると、利用者は見られる人、つまり受け身になります。また、本来、状況判断の手がかりであるはずの視界を遮ってしまうことにもなりかねません。

見ることは自発的な行為なのですから、「**私の顔を見ていただけますか？**」と声をかけ、かかわりを開始することで、利用者の動き出しを引き出す効果を期待できます。実際に、顔を見るという行為は目が動き、それに伴い顔が動きます。会釈をしようとすれば首や上半身までその動きは波及します[1]。

お互いの顔が近づき過ぎるのは、一般的な人間関係では不自然なことです。顔全体を認識することすらむずかしくしてしまいます。利用者の耳が遠い場合に、耳元まで近づいて声をかけたとしても、利用者が介助者の顔を見やすいよう、少し距離をおきます。介助者の顔はいつまでも近づけていないほうがよいでしょう。

やってみよう！

利用者から見やすい位置に立つ。

3

使いたい言葉 ❸

周囲を眺めてみませんか？

動き方を伝えるのではなく、周囲の状況に関心をもってもらうことで「動き出し」を期待する。

どんなに身体能力が高くても暗闇で自由に動くことはできませんし、後ろ向きで歩くことですら大変な恐怖です。また、恐怖は動きだけでなく、言葉も抑制してしまいます。したがって、見ること、見えることは動いたり、話したりするために大切な要素であることがわかります。

ふだん私たちは、動いたり、話したりするために何か特別なルールに従っているわけではなく、周囲を見ることで動きが始まっていますし、言葉も発しているのではないでしょうか。たとえば、街を歩いていて何かの看板が目に留まり近づいてみる、友人の顔をふと見て目が合い、「そういえば…」などと会話が立ち上がるということがあると思います。これらは、動き出したり、話をしたりするのに、必ずしも目的が先にあるわけではないことを意味しています。つまり、「見る」ことが動き出しや言葉を促す場合もあるのです。

　たとえ目線が動くだけでも立派な行為です。自立支援やADL（日常生活動作）の改善などと考えると、「立つ」「座る」「歩く」などの意味のある動作ができるかどうかに関心が向き、利用者にどう動いてほしいかを伝えることに一生懸命になりがちです。その結果、周囲の状況に目を向けるという利用者の小さな動き出しを意識したり、大切に感じたりすることはありません。しかし意味ある動作は、小さな動き出しの先にしか現れないものです。したがって、いきなり「起きましょう」「食事に行きましょう」ではなく、見てもらうことを意識して、**「周囲を眺めてみませんか？」「窓の外の景色でも見ませんか？」**と声をかけてみるほうが、動き出したり、話したりする準備が整います。

やってみよう！

利用者と一緒に周囲を眺める時間をつくる。

4

使いたい言葉 ❹

身体が横向きになりましたよ

介助で利用者を動かすのではなく、身体の向きや位置の変化に気づいてもらうことを意識する。

たとえば、利用者の体位を変える介助をする場合、利用者の身体を横に向ける（側臥位（そくがい）にする）という目的を果たすために、介助者は利用者の身体のどこをどのように動かすのかといった介助の手段や、身体が横に向けられたという介助の結果を意識すると思います。しかし、安楽を得るため、何かをするためなど、身体の向きが変わる必要があるのは介助者ではなく利用者です。身体の向きが変わった結果、安楽が得られたり、目的とする動作が行いやすい姿勢になったりと、自身の変化は身体の感覚を通して気づきます。つまり、身体の向きが変わるという「形」としての結果が大切なのではなく、向きが変わったことを感じられていることのほうが大切です。

身体の向きが変われば、目の前に広がる世界や聞こえてくる音も変わります。身体の動かしやすい部分や利用できる周囲の環境も変化します。したがって、介助によって利用者の身体を動かすような状況では、その結果生じる変化を利用者に感じてもらえるような配慮が重要です。

「**身体が横向きになりましたよ**」という声かけの後には、「さあ、何が見えますか？」「どんな音が聞こえますか？」「手すりをつかむことができそうですか？」などとコミュニケーションが広がりますし、利用者も気づきに応じて言葉を返してくれるかもしれません。介助に伴う身体の向きや位置の変化を利用者自身が感じられなければ、安楽のための体位変換も意味を成しませんし、介助に協力するような「動き出し」を期待することもむずかしくなります。

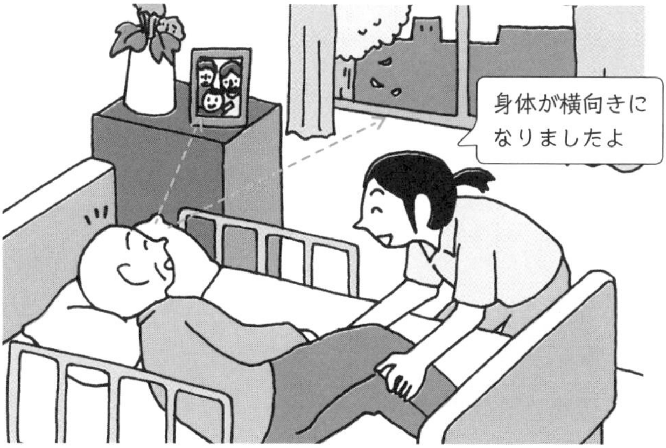

やってみよう！

介助の後は身体の変化を伝え、感じてもらう。

5

使いたい言葉 ❺

足がベッドの端まできましたよ

**動き方を伝えるのではなく、
安心して動ける環境であることを伝える。**

利用者に身体の向きや位置の変化を感じてもらうには、ベッドや車いすなど本人の身体を支えてくれる環境との関係を利用することができます。重力に抵抗して動くためには、身体を支えてくれる環境が必要です。寝ているときのベッドマットや座っているときの座面、立っているときの床などがそれに該当します。

私たちは、自分の身体が支えられていると感じられていれば安心します。母親にしっかりと抱っこされている赤ちゃんが安心して感情を表し、愛嬌を振りまくように、利用者にとってもコミュニケーションはもちろん、動き出すためにも身体を支えてくれる環境は大切です。

寝返り一つとっても、ベッドマットという身体を支えてくれる環境から介助によって引き剥がされるという体験は恐ろしいものなのです。特に本人に見えないところの支えが外れるときには、それがわかるように声をかけたり、その変化を感じてもらえるよう配慮するとよいでしょう。たとえば、ベッドから起き上がる際に、下肢がベッドから降りる瞬間、「**足がベッドの端まできましたよ**」と伝えて、ベッドの端を足で感じてもらい、「**続いて足がベッドから降りていきますよ**」と利用者がその後の動きをイメージできる声かけをします。そうすることで、利用者も安心して動き出す準備が整います。

動くための能力が十分にあるときには、身体を支えてくれる環境について意識することはありません。しかし、利用者主体に考えると、「身体を支えてくれる環境を感じてもらう」という視点でかかわることが大切です。

やってみよう！

支えが外れるときには、
あらかじめそれが感じられるように伝える。

6

使いたい言葉 ❻

少し顔を上げてみませんか？

顔を上げてもらうだけではなく、顔を上げたことで生じる利用者の気づきに関心をもつ。

世界が広がり、周囲の状況に関心をもつことは、動き出したり、話をしたりすることに直結します。なぜなら、私たちの行為の多くは、私たち自身に動機があるというよりは、環境に動機づけられて動いていることが意外に多いからです。したがって、自分の周囲の環境が見えたり、わかったりすることは動き出したり、話したりするのにとても重要だといえます。

そのほかにも、動くときに環境の手がかりが有用な理由があります。それは、環境を通して自分の存在を知ることができるということです。私たちは自分の顔ですら鏡を通して左右反転した姿でしか知りませんし、いつも全身くまなく確認できているわけではありません。もちろん人や動物にはさまざまな感覚機能が備わっていますので、見えなくても感覚機能（主に体性感覚）によって自分自身の身体の状態をフィードバックできます。しかしそれだけではなく、太陽の光から自分のいる方角がわかるほか、手を伸ばして触れることや聞こえてくる声の響きから自分と対象物との位置関係を知ることもできます。

私たちは今の状況（手足の位置や身体の向き）がわかるから、そこをスタートとして目的に向かって身体を動かすことができますし、誰かの存在に気づくことで何か話し始めるきっかけとなります。それは動き出すため、話すための準備ともいえそうです。利用者に動いてもらいたいときや話をしてほしいときに、身体の動きばかり気にかけるのではなく、「**少し顔を上げてみませんか？**」などと声をかけて、今の状況を落ち着いて感じとり、周囲の環境に気づく余裕を大切にします。つまり、動くため、話すための準備が整っているかどうかに関心を向けることが重要です。

やってみよう！

周囲の環境に気づいてもらう。

7

使いたい言葉 7

顔をこちらに向けられますか？

身体を動かす以前に、
視野を少し広げることから始める。

新生児は母親にしっかりと抱かれ、あるいは手足をちぢめて丸くなり、多くの時間を眠って過ごします。目の焦点距離は20cm前後だそうです。赤ちゃんの世界は、自分を包み込む母親の肌やふとんのやわらかさを感じる範囲にあります。

同様に、顔の向きを変えることもない利用者がいたとすれば、その人の世界は、目の前に見える範囲にとどまります。座ろうとしているいすを見ずに座ることや、後ろ向きに移動することが怖くてできないように、私たちの動きは見えないところへ広がることはありません。したがって、顔も動かさないでいる利用者にとっては、寝返りをうつことも、視野の範囲外への動きとなり、動き出すのは簡単ではないと想像できます。「**顔をこちらに向けられますか？**」という声かけによって生じる小さな動き出しによって、利用者の視野は広がります。その結果、顔を向ける程度の動きは利用者にとって受け入れられるものとなります。
　自ら動き出す経験は、視野をさらに広げ、動きの量や多様性が増すことにつながっていきます。スポーツや自動車の運転を想像するとわかりやすいでしょう。不慣れなときには、視野も狭く動きもぎこちないものですが、経験を重ねることで、競技中や運転中の視野は広がり、安心して能力を発揮することができるようになり、さらに技術は向上します。そして、多少の危険にも対応できる力が身につきます。
　利用者の動きも同様です。見ることで世界を広げ、今ある能力のなかで動き出すことを尊重します。経験によって広がった視野も使わなければすぐに狭くなります。動けることは、見ること、視野を広げることとセットでとらえる必要があります。

やってみよう！
視野を広げるには、顔を動かして見てもらう。

8

使いたい言葉 ❽

少し座っていましょうか？

介助を流れ作業にするのでなく、次の動作への“すき間”を大切にする。

ベッドから起き上がる介助をして、転倒しないよう利用者の身体を支えつつ靴をはく介助をする…。そして、次は移乗の介助…。これは、日常的に繰り返されている流れ作業のような介助の場面だと思います。しかし、このような場面では、利用者の視界は介助者によって遮られた状態が続きます。介助者が壁となってしまうことで、利用者の前方の世界、つまり前方へ動き出す範囲も常に狭いものとなってしまうのです。介助者が利用者に接近しすぎることが、寝返りの介助や起き上がりの介助の際に身体が反ってしまったり、座位になっても後方へのけ反ってしまったりする人が多くみられる要因の一つになっているものと思います。

したがって、介助者は可能な限り利用者の視界を遮らないような位置で介助することを心がける必要があります。たとえば、ベッドから起き上がり、座位になったときは、介助者は利用者が前方を見られるように立ち位置を変え、「**少し座っていましょうか？**」などと少し“間”をとります。介助の手を離したり、ゆるめたりしても座っていられそうかなど、利用者とのやりとりがコミュニケーションになりますし、座るために適当な介助量や手段を理解することができます。

介助で起き上がったとしても、のけ反るような状況を避けることができれば、利用者は安心とともに周囲へ目を向けることが増えます。たとえば、靴や車いすに目が向くことで、そこから靴をはいたり、車いすへの移乗に向けた動き出しが引き出される可能性も高まります（言葉⑫、p24参照）。

やってみよう！

利用者の視界を遮らないように介助する。

9

使いたい言葉 ❾

何か気になるものが見えますか？

介助を細かくルール化するのではなく、視野の先にある目的に焦点を当てる。

介助者の身体で利用者の視界を遮らなければ、利用者の目の前には動き出す空間が広がります。周囲の環境は言葉や動き出しを導いてくれるものとなります。たとえば、車いすに目が向くことで、移乗のための動き出しが開始されたりします。

しかし、せっかく利用者が動き出したにもかかわらず、「手すりのここをつかんでください」などと言われ、次の動きのルールをつくられてしまうと、その瞬間から利用者は、身体をどう動かして、どこに力を入れてというような「身体の使い方」に意識が向いてしまいます。覚えたてのダンスのように、模範どおりに動こうとすればするほど、一つひとつの手足の動きに意識が向いてしまい、ダンスはぎこちなくなり、身体全体をうまく動かせなくなるような状況と同じです。

「手すりをつかめますか？」という声かけよりも、もっと先にある目的に焦点を当て、「車いすに座りましょうか？」という声かけにすれば、手すりをつかんだり、お尻を上げたりすることは“意識的”ではなくなり、移乗するための能力が自然に引き出されやすい状況が整います。「車いすに座りましょうか？」よりももっと先にある「お食事に行きましょうか？」のほうが、場合によっては移乗動作がよりスムーズになることが期待できます。

「**何か気になるものが見えますか？**」と、声をかけることで、視野の先に何か動く目的が見つかれば、そこに向かい身体は動き出します。動くための目的は視野の先にあります。つまり、視野の広さの分だけ動けることを期待し、「**さあ、行きましょうか**」と焦点を外に向けられる声かけが有効です。

ここをつかんでください
?
さあ、行きましょうか

やってみよう！

視野を広げて「動く目的」を共有する。

1
見てもらう、感じてもらう

10

使いたい言葉 ⑩

枕を見て いただけますか？

「寝る」という結果を目的にせず、まず枕を見てもらうことで利用者主体の動作にする。

ふだん何気なく利用者を介助で寝かせていませんか？「お姫様抱っこ」のように抱えて寝かせるイメージです。しかし、お姫様に対するように、どんなにやさしく包み込んで介助したとしても利用者は安心できません。「お姫様抱っこ」の状態で、座位から臥位(がい)になる動作は、自分の後ろに、かつ下へ落ちていく動きであり、しかも本人には、ベッドが見えない状況で行われるからです。私たちはそのような想像をせずに、安易に介助をしてしまっていることがあります。あらためて、見えない方向に身体を向かわせるのは、誰にとっても恐ろしいものであることを意識する必要があります。

私たちは、枕に向かって寝ていく程度の動きであれば、いちいち枕を見ずにできますし、勢い余って頭を打つことがないようにコントロールすることも可能です。したがって、座位から仰臥位になる動作に「動き出し」がみられない利用者に対して、その動作を「できないもの」と判断してしまいがちです。それは、自分の動き方を基準に利用者の能力を判断しているに過ぎません。

介助の手を出す前に「**枕を見ていただけますか？**」とひと言声をかけると、枕の方向に目が向き、続いて顔が向きます。これから動いていく方向が見えるだけで安心感は大きいはずです。したがって、枕を見てもらうという「動き出し」があるだけで、その後の介助も利用者にとって受け入れやすいものとなります。介助に伴う余計な緊張を強いることも減りますから、利用者の動きに合わせた介助を行いやすくなります。利用者にとって何が恐ろしいことなのか、そこに共感できれば介助の手段も見えてきます。

やってみよう！

枕を見てもらい、「動き出し」を引き出す。

11

使いたい言葉 ⑪

振り返っていすを見ていただけますか？

身体を押しつけて座らせるのではなく、振り返っていすを見て、肘掛けに触ってもらう。

いすに座る際の介助に手こずる経験は、意外に多いのではないでしょうか。座位から仰臥位（ぎょうがい）になる動作と同様に、見えない方向への動きは利用者にとってむずかしいですし、着座は、座位から仰臥位になる動作以上に落差がありますから、利用者は恐ろしくて突っ張ってしまい、どうにも腰をかがめられません。腰をかがめる動き出しがみられないので、介助者が座面に向かって利用者を押さえつけるようにしてしまい、ますます突っ張ってしまうという悪循環に陥ります。

そんなとき、やはり利用者にいすを見てもらうことで「動き出し」が開始されるのですが、後方のいすを見るには「振り返る」という動きが必要です。高齢者では、この振り返る動きをする機会が減っている人がとても多いと思います。利用者が、そのままでは見えない方向に動くとき、振り返って自分の目で確認するという大切な動きは、介助されることによって「必要のないもの」とされてしまうからです。そして、「苦手な方向への動き」は、やらなくなっていきます。

振り返る動き、つまり身体をひねる動きは、あらゆる動作に大切な動きです。いすに着座する際に、振り返っていすを見てもらうだけで身体を少しひねることができ、身体も自然にかがみ始めます。身体をひねることで目に入るいすの肘掛けは、着座を安全に行うための助けになるものとして認識され、肘掛けに手が伸びやすくなります。そしてさらに、身体はねじれます。

「振り返っていすを見ていただけますか？」というひと言は、利用者の着座を安全なものにするだけではなく、身体をひねる他の動作にもよい影響を与える可能性があります。

やってみよう！

着座に向けて身体がかがみ始めるよう、振り返ってもらう。

12

使いたい言葉 ⑫

靴を見て いただけますか？

靴をはく際は、介助を当たり前にせず、靴に視線を向けてもらう。

ベッドから介助で起き上がってもらい、その流れのまま靴をはく介助をして、さらに移乗介助へ…。靴は介助ではいてもらうのが当たり前になっていませんか。あるいはつま先だけ自分で入れてもらう程度、という状況も多いかもしれません。「靴はご自分ではけますか？」と尋ねると、あっさり「はけない」と言う利用者も多いのですが、いくつかの点に配慮してやってみてもらうと、かなりできる人もいることがわかります。つまり、靴をはくことは、利用者にとって苦手な動作、やらなくなっている動作の一つなのです。

座位になっても、自分の足元は見ようとして目を向けなければ見えません。つま先だけではなく、かかとまで足を入れるためには、足元を見て、手を伸ばしたり、靴を床から拾い上げて、足を組むなどしてはく必要があります。したがって、まずは「**靴を見ていただけますか？**」というひと言が大切です。

顔を下に向けることさえもむずかしい人もいるかもしれません。その場合は、介助者が靴を持ち、利用者の目の届くあたり、手の届くあたりで靴を見てもらうとよいでしょう。利用者は靴のはき方を忘れているわけではありませんので、自然と靴に手が伸びて自分で靴をはこうとする動き出しがみられることもあります。また、前方に転落しそうで恐ろしいと感じている人も多いようです。その場合は「私が前にいますからどうぞ安心してやってください」と伝えるだけで、靴に向かって手を伸ばそうとしてくれる人もいます。

靴をはく動作は、立ち上がったり、歩行したりするための準備です。したがって、靴をはこうとする「動き出し」によって、立ったり、歩いたりすることが"本人事"になります。主体的な生活のための大切な要素です。

やってみよう！

利用者の手の届くあたりで、靴を見てもらう。

コラム

視野が広がると聴野も広がる？

「自分で動く場面が増えて周囲に関心が向き、その分だけ視野も広がると、耳が遠い利用者の聞こえがよくなったように感じる」というエピソードを聞きました。科学的な根拠の有無は別として、何となくわかるような気がします。たとえば、視覚の場合は目や顔を動かしたり、移動したりすることで視野が広がり、入ってくる情報が増えます。つまり、視野の広がりと動くことは相互関係にあります。聴覚も同様に、動くことで入ってくる情報は増えますし、またその情報は動くことの手がかりにもなります。動かないでいると耳の聞こえも悪くなってしまうものなのかもしれません。

第2章
尋ねる

「尋ねる」とは、わからないことを誰かに聞くことです。したがって、利用者と初対面、あるいはまだ関係が十分にできていない場合は、「〇〇できますか？」など、教えてもらう姿勢をとることで、利用者にある本当の能力を発揮しやすい状況をつくることができます。「本当はできるのに…」という隠された力を引き出すには、素直に尋ねることが大切です。それは利用者の発信を促すコミュニケーションになります。

13

使いたい言葉 ⑬

起き上がることはできますか？

「起き上がってください」と指示するのではなく、「起き上がることはできますか？」と尋ねる。

わからないことは人に聞くのがいちばん効率的です。利用者のことは本人に尋ねてみるとよいのです。

たとえば、初対面の利用者とかかわる際に、家族や病院、施設などの以前の（今の）生活場所からの事前情報は、少なからずあると思います。しかし、それはあくまで情報提供者による情報です。その情報を鵜呑みにすることで、利用者に対して間違ったイメージをつくりあげてしまう可能性があります。

事前情報を信用するなといいたいわけではありません。しかし、人の能力、特に生活動作は時と場合によっていくらでも変化し得るものです。筋力など身体機能の衰えや、生理的老化、持病による体調の変化などに影響を受けやすい高齢者では、環境やかかわり方次第で、本来の能力を発揮できたり、できなかったりすることが多々あります。まずは「**起き上がることは**

できますか？」と尋ねてみてください。尋ねられた利用者には、応える必然性が生じます。「できると思うよ」あるいは「できないよ」など、いずれにしても利用者から言葉や「動き出し」による発信を期待できます。仮に「できないよ」と返ってきたとしても「どうしてですか？」などとコミュニケーションは広がります。「では、こうしてみたらいかがですか？」と本人の意向をくんだケアに発展できるかもしれません。

一方、「起き上がってください」という声かけは、ていねいなようで、実は介助者が指示する形となり、利用者に判断の隙間を与えないので、双方向のコミュニケーションをむずかしくしてしまう言葉なのです。

どうかな。
どうすればいいかな？
起き上がることは
できますか？

やってみよう！

尋ねることで、
利用者からの発信（返答）を期待する。

14

使いたい言葉 ⑭

立ち上がることはできますか？

「立ちますよ」と指示するのではなく、利用者の判断を尊重する。

どのような場面でも、尋ねることで利用者からの発信を期待できます。たとえば、「**ご自分で立ち上がることはできますか？**」と尋ねられると、「どうかな？」「最近、自分では立っていないな」「立ち上がれるさ」「やってみるか」など、利用者からさまざまな発信があります。「尋ねる」というコミュニケーションは、このように、利用者にとっては“発信する必然性”が生じるものになりますが、介助者にとっては“発信を待つ必然性”が生じます。

日常の介助場面で「待てない」「時間がない」というのは、介助者の常套句(じょうとうく)ですが、尋ねることで待つ態度が必然的に備わります。したがって、利用者の発信、特に「動き出し」に気づく可能性も高くなり、自然と利用者主体の介助が身につきます。

「尋ねる」というコミュニケーションで、利用者からの発信が期待できるのは、そこに思考や記憶、判断など、脳を使うことが関係しています。たとえば「どうかな？」と考え、「最近、自分では立っていないな」と記憶をたどったり、「立ち上がれるさ」「やってみるか」などと気もちや感情が動き、判断したりしています。思考し、記憶をたどり、判断する過程は利用者本人の主体的な活動です。尋ねてみて、思考や判断を促すと、それが言葉や「動き出し」という、目に見える形となって表れやすいのです。

尋ねることで利用者からの発信が聞こえてきたり、見えてきたりします。したがって、それを尊重し、活かす介助ができる可能性も高まります。

どうかな。
立てるかな？
ご自分で
立てそうですか？

やってみよう！

尋ねることで、利用者に思考や判断をしてもらう。

15

使いたい言葉 ⑮

歩けますか？

**歩かない生活を前提にせず、
歩くことに意識を向けてもらう。**

高齢者は体調が悪いときや転倒事故、骨折による手術の後など、一時的に車いすで生活することも多いと思います。「体調が回復するまでは…」「転倒の後なので…」「手術後しばらくは…」など、知らず知らずのうちに介助者のほうが歩行してもらうのをためらい、いつの間にか車いすでの生活が日常になってしまっていたという経験はないでしょうか。それは、歩かない生活を前提にしたかかわりになっていることを意味します。利用者は歩行する機会を失ってしまい、ますます歩かない状況が続き、そのうち歩けないという「事実」がつくられてしまいます。

歩けないことが「事実」とみなされれば、車いすから立ち上がろうとしたり、歩行しようとしたりすると、危険行為とみなされてしまいます。しかし、本人にとっては、単純に歩きたい、歩いてみたいという気もちを「動き出し」の形で表出したにすぎないと解釈することもできます。

車いすでの生活が日常になっている利用者に、「**歩けますか？**」と尋ねてみてください。すると「歩けます！」と力強く返答してくれる人がいかに多いかがわかります。そして、安全を確保し、一緒に歩いてみると、利用者の「歩けます！」という言葉が真実であることを知らされます。そうなると、立ち上がったり、一人で歩こうとする姿は、「危険行為」ではなく主体的な姿に見えてきます。介助者である私たちの利用者を見る目が変わるのです。

「尋ねる」というコミュニケーションによって、利用者の本当の姿を知らされ、利用者へのかかわりが変わるきっかけになります。

やってみよう！

「歩けます！」と言われたら一緒にチャレンジする。

16

使いたい言葉 ⑯

できるところまでで結構ですよ

できるか、できないかの二者択一ではなく、利用者の選択肢を広げる。

たとえば、街で道を尋ねられたとき、それをまったく無視する人はいないと思います。少なくとも「すみません、急いでいるので」などと、期待に応えられないことを伝えるか、あるいはジェスチャーでそれをわかってもらおうとします。「尋ねる」とは、相手からの反応を期待する行為であり、「尋ねられる」とは、期待に応えようとする行為を導くものといえます。

利用者に「起き上がることができますか？」と尋ねた際に、たとえ「できないよ」という言葉が返ってきたとしても、それは介助者の期待に応えてくれたと理解すればよいと思います。「起きてください」という一方通行のコミュニケーションではなく、「起き上がることができますか？」と尋ねた結果、「できないよ」と応えることで双方向のコミュニケーションが開始されます。コミュニケーションが双方向になっているので、「**できるところまでで結構ですよ**」と、次の言葉をつないでみましょう。利用者にとっては“できる”か“できない”かの二者択一ではなく、選択肢が広がることになります。「できるところまでやってみる」という動きは、れっきとした本人の動作です。したがって、それがわずかなものであっても、その先の動きを介助者に想像させるものがあり、自然とその「動き出し」に合わせた介助になります。

“できるところまで”には、きまりはありません。すべて本人の動作です。「**できるところまでで結構ですよ**」と伝えることで、“できるところまで”のわずかな動き、つまり「動き出し」を受けて、本人の動作に乗っかる介助をすることができます。利用者は介助をされたとしても、「自分で動いた」という感覚を失うことはありません。

やってみよう！

利用者の「動き出し」に乗っかる。

2

17

使いたい言葉 ⑰

どうぞ、やってください

遠慮させるのではなく、
チャレンジを後押しする。

「ご自分で立ち上がることができますか？」と尋ねたときに、「やっていいのか？」と返答する人がいます。立ち上がる動作のように、転倒の危険が伴う動作では、動きを制止される経験をしている利用者が多いことが想像されます。「やっていいのか？」という言葉の裏には「やれるのはもちろんだけど」という自信が隠されているのではないでしょうか。そうであれば、介助者が応じる言葉は、迷うことなく「**どうぞ、やってください**」となります。

動いて危ない目にあったり、転倒して痛い目にあったりすることで「介助者に迷惑をかけてしまうのではないか…」など、さまざまな思いが重なって動くことに躊躇（ちゅうちょ）や遠慮をしている利用者は多くいます。できないのではなく、躊躇や遠慮が「動き出し」を止めているだけの人がいることを「やっていいのか？」のひと言が表しているように思います。身体で覚えたことは忘れませんから、本来であれば「動き出し」がないはずはなく、やらなくなってしまっていると考えてみるとどうでしょうか。「**どうぞ、やってください**」という声かけに応じたチャレンジは、やらなくなった状況から脱する大切な経験になります。躊躇なく、遠慮なく動いてもらえるよう、安全を守り、チャレンジを後押しできる態度とコミュニケーションこそが、介助者に求められる技術だと思います。

「**どうぞ、やってください**」という声かけの後には、「安全だけは私が守りますから」「きっとやれますよ」というチャレンジを後押しする言葉をかけましょう。

やってみよう！

「どうぞ、やってください」の後には、
安全を保証し、チャレンジを後押しする言葉をかける。

18

使いたい言葉 ⑱

歩けそうな感じはありますか？

できるか、できないかという事実ではなく、利用者の“できそうかどうかのイメージ”を大切にする。

自分に何ができて、何ができないのか、本人はわかっています。私たちはできもしないことに危険をおかしてまでチャレンジすることはほとんどありません。たとえば、バック転のようなむずかしい技を練習もせずにチャレンジすることはもちろんありません。一方、バック転ができる人にとっては、行う機会さえあれば、それほど躊躇(ちゅうちょ)することなく行うのだろうと想像できます。簡単にいえば、“できそうなことはやる”“できそうにないことはしない”ということなのだと思います。それは利用者も同じはずです。したがって、できてはいないけれど、やってはいないけれど、「本人ができそうだとイメージすること」を知ることが大切です。

たとえば、歩きたいという欲求のある利用者は多いと思います。実際に利用者から、「歩いてみたい」と言われることもあるのではないでしょうか。そんなときに、「歩けるのかな？」「歩いてみても大丈夫かな？」とわからないことをあれこれと考えるよりも「**歩けそうな感じはありますか？**」と尋ねてみるとよいでしょう。すると、ふだんはまったく歩くことがない人が、「歩けます」「歩けそうな感じがあります」とあっさり答える場合があります。しかも、冗談ではなく真顔で言うところが、本人にとって「できそうなこと」であることを物語っています。

「できそうなことはやってみる」のが基本ですから、やってみるとよいでしょう。介助量の差はありますが、本人の言っていることが間違いではないと気づくことができます。本人のイメージとして残っている“できそうなこと”を知るには「○○ができそうな感じはありますか？」と尋ねてみるとよいのです。

やってみよう！

できそうなイメージがあるかどうか確認する。

19

使いたい言葉 19

家ではどうされていましたか？

今の生活が本当の姿と思わず、少し前の生活から能力を想像する。

病気で入院している高齢者は、病院では弱々しく見えて、職員による見守りのもとで日常生活を送る姿は、不自然には見えません。したがって、いざ退院となると、屋内外の移動や身の回りのことは問題なくできるだろうかと心配されます。しかし、その後、自宅を訪問すると、かくしゃくとして、入院中よりもしっかりとした足取りや動きを見せてくれる人が多いように思います。玄関まで出迎え、お茶を出してくれる人もいます。それは、さながら家の主人が客をもてなす姿です。危なっかしくも、どこか責任や自覚を感じさせます。

慣れ親しんだ環境では、身体が自然に動きやすいですし、一日の生活習慣は、その環境のなかで繰り返され、身体に染みついたものです。生活動作を行うには、筋力やバランス感覚といった身体機能だけが重要なのではありません。習慣とは、慣れ親しんだ環境のなかで心身の変化に応じたその人なりの動き方を自然に形成し、その環境や生活リズムのなかで無意識に現れるものです。したがって、たとえば施設に入居し、生活動作に介助を必要とする利用者に、「**家ではどうされていましたか？**」と尋ねてみてください。

　ふだんやっていないことは、施設ではできませんし、自宅でやってこなかったやり方を、施設でやってもらうのは酷です。今の生活が本当の姿と思わず、少し前の生活、つまり自宅でやっていたこと、自宅でのやり方からその人の能力を想像してみると、環境整備を含めて介助の手段も変わってくると思います。

やってみよう！

家でやっていたように、動いてもらう。

20

使いたい言葉 ⑳

恐ろしい感じがしますか？

動く能力が衰えているのではなく、恐ろしくて動けないのかもしれないと想像する。

利用者の生活動作を改善したいとき、私たちはうまくいかない原因を心身の機能に求めてしまいがちです。高齢者は筋力が衰え、関節もかたくなり、感覚やバランス、認知機能の低下など、その原因を挙げればきりがないくらいです。しかも、どれももっともらしく生活動作への影響を説明してくれます。しかし、心身機能が衰えても、身体介助を受けることなく生活している人が多くいるのも事実です。そう考えますと、高齢者の生活動作を改善するのに心身機能を高めようとするのは、合理的な解決策とはいえないのではないかと思われます。

私たちはどういうときに動けなくなるのか考えてみましょう。たとえば、身体機能が抜群に高いスポーツ選手も、「恐ろしい」と感じることには身をすくめます。体操選手だからといって、ビルの屋上の縁で逆立ちをすることには躊躇（ちゅうちょ）するでしょう。また、しばらくやっていないことにチャレンジするのも恐ろしいものです。遊園地のジェットコースターなども、乗り慣れた人には楽しい遊具なのでしょうが、乗ったことがなかったり、しばらく乗っていなかったりする人には非常に恐ろしく感じられ、乗車をためらうものとなります。

高齢者ももちろん同じです。恐ろしいと感じる動作はできません。したがって、動くことがむずかしいときに「**恐ろしい感じがしますか？**」と尋ねてみてください。もし、「恐ろしい」という返答があるのならば、心身機能を改善する以前にすべきことは、安全の保証と、安全を感じられるように介助を工夫することです。しばらくやっていないことは、「できない」のではなく、恐ろしくて動けないのかもしれないと想像してみるとよいと思います。

やってみよう！

できない動作、やっていない動作には、安全を感じてもらえるよう工夫する。

21

使いたい言葉 ㉑

やってみたいですか？

できるか、できないかではなく、
“やってみたい”という気もちを大切にする。

利用者に「〇〇できますか？」と尋ねてみると、「できない」「恐ろしい」などと返答されることも多いと思います。本人の言葉に応じて、「では、お手伝いさせていただきます」と、介助の手が出るのは仕方ないように思われるかもしれません。しかし、しばらくやっていなかったことを「できない」「恐ろしい」と思うのは当然です。

そこで、「**やってみたいですか？**」と尋ねてみると、隠れていた本当の気もちに気づかされることがあります。「やってみたいですか？」と尋ねて、利用者が「やってみたい」と返答したのであれば、介助者が行うことは一つです。一緒にチャレンジしてみるだけです。なぜなら、「やってみたい」という言葉は、利用者に“できそう”というイメージや“やれるかもしれない”という自信があることを意味しているからです。たとえば、子どもに対して「〇〇できる人は手を挙げてください」と聞いて、「はいっ！」と手が挙がるのは、よほど自信のあるときでしょう。一方、「○○をやってみたい人は手を挙げてください」と聞いたときに手が挙がるのは、“やれそう”“やれるかもしれない”という少しの自信や気もちが表れているときだと思います。

高齢者も同じはずです。「○○できますか？」と聞かれて「はい」と言いにくいのは、自信が揺らいでいるだけなのかもしれません。そこで、「○○できますか？」の後に、「**やってみたいですか？**」と尋ねてみてください。「やってみたい」という隠れた自信を表現することで、利用者の「動き出し」を引き出せる可能性があります。

跳んでみたい人！
できそう…
やってみたい…
失敗するかも
しれないけど…

やってみよう！

「やってみたい」と言われたら、一緒にチャレンジする。

22

使いたい言葉 22

ふとんをめくっていただけますか？

「起き上がれますか？」という大きな目的ではなく、何から開始するかを明確に伝える。

眠い朝、なかなかふとんから出られないのは誰もが経験することだと思います。しかも肩が痛い、腰が痛いなどの症状があるときには、さらに起き上がることはおっくうになってしまいます。そんなときは、「動作を開始させること」が効果的です。開始するまでが心理的にも、身体的にも負担が大きいからです。動作は、いったん開始されれば、あとは惰性で動いてしまっているということはよくあると思います。

寝ている姿勢から起き上がるという動作は、利用者にとって決して楽なものではないと思います。したがって、「起き上がれますか？」と尋ねても「動き出し」がみられないのも当然かもしれません。しかし、そこで安易に介助を開始してしまうと、利用者を受け身にさせてしまい、介助の負担も大きくなり、双方によいことはありません。

そこで「**ふとんをめくっていただけますか？**」と声をかけて

みます。ふとんをめくるのは、起き上がるために通らなければならない過程です。したがって、起き上がるという大きな目的は、いったん横に置いておいて、「**ふとんをめくっていただけますか？**」と具体的で小さな「動き出し」を導くよう尋ねてみるとよいのです。ふとんをしっかりとめくることはできなくても、ふとんを“めくろうとする「動き出し」”が開始されれば十分です。なぜなら、ふとんをめくることは「起き上がろう」という気もちが働いたことを証明する動きだからです。つまり、起き上がりを開始したのは利用者自身になりますから、その動作は利用者主体のものになります。

「ふとんをめくっていただけますか？」と尋ねるのは、利用者主体の動作が開始されるきっかけをつくります。

やってみよう！

ふとんをめくることで、
利用者主体の動作を開始してもらう。

23

使いたい言葉 ㉓

お尻を前にずらすことはできますか？

いきなり立ち上がることを求めるのではなく、必要で安全な動きを促す。

ベッドから起き上がり、移乗や歩行へと向かうには、何らかの手段でお尻を上げる動きが必要です。しかし、お尻を上げるには、下肢の踏ん張り具合や、踏ん張るタイミング、手すりなどにつかまる場合は、力を入れる方向などが複雑に影響します。したがって、毎回、利用者の能力が違って感じられることの多い場面ではないでしょうか。

お尻を浮かそうと意識すると、下肢が十分に踏ん張れていない状況で身体が伸び上がってしまったり、手すりなどに頼り過ぎて下肢に力が入らなかったりと、微妙な加減でお尻をうまく上げられない場面がみられます。そこで、お尻を浮かす準備となるような、利用者にとって必要で安全な動きを促すよう「**お尻を前にずらすことはできますか？**」と尋ねてみてください。

私たちはベッドから起き上がって座位になったときや少しの間でも座り続けているとき、座位から立ち上がろうとするときなど、無意識にお尻をずらし、その先を心地よく過ごしたり、次の動作をしやすくするための準備をしたりしています。したがって、お尻をずらそうとするだけでも主体的な生活行為といえます。

タイミングよく下肢を踏ん張ることができれば、よりスムースにお尻をずらすことができます。お尻を前にずらす動作は、お尻が座面についたままでも行えますから、いきなり立ち上がることを求められるよりは安全を感じられると思います。座り心地を整えるのであれば、本人にとって必要で納得のいく動きでもありますので、自分から動き出す可能性も高くなります。

おっ、立ち上がれそうだ！
お尻を前にずらすことはできますか？

やってみよう！

立ち上がる前にお尻を前にずらしてもらう。

24

使いたい言葉 ㉔

どちらかの足を一歩、前に出せますか？

「歩かせる」のではなく、
自ら踏み出す一歩を大切にする。

歩行は左右の足を交互に踏み出す動作ですが、右、左と意識して歩いている人はいないと思います。最初の一歩を踏み出すと、あとは意識しなくても、足は交互に動いてくれます。

歩行の介助も実は、最初の一歩が大変で、あとは支えているだけでよいという経験をしている介助者も多いと思います。利用者にとって一歩を踏み出すのは、一瞬であっても片足だけで体重を支えることになりますので、それが恐ろしいのは想像できます。このとき、足を踏み出しやすいようにと、利用者の身体を前に引っ張ったり、左右に体重を移動させようと無理に身体を傾けたりすると、恐怖でかえって身体をかたくしてしまい、足を踏み出せなくなります。前方に引っ張ることや側方へ身体を傾けることは、“介助者によって一歩を踏み出させる”結果となり、また次の一歩も同じことになってしまいやすいのです。一歩を踏み出すのは利用者自身です。そしてどちらの足から踏み出せそうかを感じているのは本人です。私たちもふだん、どちらの足から踏み出すかは意識していませんが、それは、そのときの足の位置や姿勢によって、必然的に決まってくるのでしょう。

　したがって、「右足を前に出してください」「左足を前に出してください」と声をかけるのではなく、**「どちらかの足を一歩、前に出せますか？」**と本人に尋ねてみると、利用者は身体の感覚と向き合います。それは本人にしかできない主体的な活動ですから、その感覚を頼りにどちらかに体重を移そうとする動きは、一歩を踏み出すための本人にとって合理的で正しい動きです。したがって、一歩を踏み出すのをさりげなく支援するよう、その「動き出し」に介助を合わせればよいのです。

はいっ、
右足を出して
ください
引っ張られると
恐ろしい…

やってみよう！

どちらの足から踏み出すかは本人の感覚を頼りにする。

コラム

使ってはいけない言葉①「痛いですか？」

高齢になれば、身体のそこかしこに痛みを訴える人も多くなります。骨折や転倒などの後はなおのことです。慢性的な痛みはそう簡単には消えません。したがって、「痛いですか？」と聞かれれば、まず「痛い」と返答するに決まっています。そして「痛い」と発した言葉によって、“痛くて動けない自分”に閉じ込められてしまいます。つまり身体に意識が向いている状態です。あえて「痛いですか？」という言葉を使わないとどうなるでしょうか。意外と「痛い」と言わなくなる人が多いのです。痛い身体に閉じ込められない分、意識は身体の外に向かいやすく「動き出し」もみられるようになります。「痛いですか？」は尋ねないほうがよさそうです。

第 3 章
伺う

「伺う」は、「行く」「聞く」「尋ねる」の謙譲語です。目上の相手の様子を見ながら行うことを意味します。気分や体調などの変化により、利用者の能力は日々変化しますので、昨日できなかったことが、今日もできないとは限りません。したがって、「今日はできそうですか？」など、介助者が伺う姿勢でかかわることは、利用者に自分自身と向き合うことを求め、今、そのときの発信が促されやすくなります。

25

使いたい言葉 ㉕

調子はいかがですか？

**データを頼る前に、
本人が感じる「調子」を知る。**

利用者の健康管理は介助者の大切な仕事の一つです。血圧や体温、脈拍に限らず、睡眠状態や尿・便の回数、量などさまざまなデータから体調を推測してかかわります。しかし、たとえば、血圧が低い、微熱がある、脈が速いなど、ネガティブなデータは、「調子が悪い」というイメージを形成し、その結果、安易に過剰な介助をしてしまいやすいように思います。データ上は心配される状態でも、本人はそれほど調子の悪さを感じていないこともあるでしょうし、反対に、データに表れない体調不良もあります。

体調を感じることができるのは本人だけです。ですから「**調子はいかがですか？**」と伺ってみる必要があります。調子を聞かれることで、利用者は自分の身体の状態に関心が向き、「調子いいよ」や「何だかだるくて…」と、言葉や表情の変化で応えてくれることもあると思います。身体に関心を向けることも、その結果の返答や反応も自発的なものです。「調子いいよ」と発した言葉は、動き出す責任を生じさせますから、「では、どうぞ」と動き出してもらえばよいと思います。「何だかだるくて…」という返答であれば、「では、無理しない程度で構いません」と体調に共感した選択肢を提示することができます。

多少の体調の波は誰にでもありますし、そのことが生活動作の“できる”“できない”にまで影響するとは限りません。データによって“させなくしてしまう”のはなるべく避けるべきだと思います。高齢者に限らず、生活の場では何かをするか、しないかをデータによって判断するようなことはしていないからです。

今日は起きるのは
やめておきましょうね
37.1
調子悪くないん
だけどな…

やってみよう！

体調を伺い、身体に関心を向けてもらう。

26

使いたい言葉 ㉖

トイレに行って
おきますか？

トイレのタイミングを管理しすぎず、
伺うことで尿意や便意に気づいてもらう。

尿意や便意を感じにくいと思われていた利用者も、食事の後など、決まったタイミングで便座に座ってもらうことで、トイレでの排泄につながることがあります。そのような経験をしている介助者も多いと思います。下着を下ろして便座に座る感覚やトイレの臭い、居室と遮断された空間的特徴などは排泄を促す大切な要素といえそうです。それは、利用者の排泄について、単純に尿意・便意の有無の情報や、動作ができるか、できないかという面で判断してはいけないことを示していると思います。

しかし“空振り”などと表現されるように、本人に尿意や便意の“気づき”がなければ、無駄足を踏ませてしまうことも多くなり、トイレに誘う機会もだんだん少なくなってしまいます。

尿意や便意を感じたときに排泄できることは、何より安心で、健康にもよいことです。切迫性の失禁など、オムツを一時的に必要とする場合もありますが、身体がオムツに依存してしまうと、あったはずの尿意や便意もいつの間にか感じなくなってしまいます。失禁という耐えがたい不快な感覚ですら簡単に感じにくくなるのです。それほど私たちの身体の感覚は“慣れ”の状態に陥ってしまいやすいようです。

尿意や便意が少しでもあるうちは「**トイレに行っておきますか?**」と伺うことで、自ら尿意や便意に気づいてもらう機会をつくることが大切です。「そういえば…、行っておこうかしら」や「今は結構です」など、いずれにしても自分の身体の状態に気づいて行動を判断するという、利用者の主体的な行為につながります。

やってみよう!

尿意や便意に気づいてもらう機会をつくる。

27

使いたい言葉 ㉗

どこに座りますか？

行く先を介助者が決めず、本人に任せる。

学校の座席や家庭の食卓のように、あらかじめ席が決められていたり、習慣的に決まっていたりするところもあります。一方で、喫茶店など外出先の共有スペースでは、どこに座るか特別なきまりはなく、何となくそこに落ち着いたからといった程度の選択をしていると思います。無意識ですが、自由があるからこそくつろぐことができるのかもしれません。どんなに素敵なソファーを用意されても、本人にとって“落ち着く”と感じられなければ、居心地はよくありません。

利用者との散歩の場面などではどうでしょうか。「〇〇まで行きましょう」と、つい、介助者が行く先を決めてしまいがちです。そして、「あそこに座って休みましょう」と休む場所も指定します。ささいなことかもしれませんが、おそらく利用者は、ほんの少し前の生活では、他人に座る場所を決めてもらうことなどあり得なかったはずです。通所施設も含め、自宅外で生活するということは、これまで当たり前であった自由なことが、制限を感じるものへと簡単に取って代わられる現実に直面することなのでしょう。

自由に過ごしてもらいたいのであれば、「**どこに座りますか？**」と伺うのも、大の大人である利用者からすれば大きなお世話であり、本当は余計なひと言なのだと思います。しかし、少なくともくつろぐ場面、楽しむ場面では、利用者に選択の余地があるようにかかわること、自由を認める声かけを心がけたいものです。

やってみよう！

本人が選択できるように声をかける。

28

使いたい言葉 ㉘

顔だけでもこちらに向けられそうですか？

**大きな動きよりも、
小さく可能性のある動きで様子を見る。**

「伺う」は謙譲語ですから、その姿勢は目上の相手やお客様に対して使われることが多いと思います。したがって、高齢者とかかわる介護の現場でも必要な態度です。しかし、へりくだった言葉づかいや、こびた物言いをしなければならないといいたいわけではありません。

介助量の多い利用者に対して、介助者が何らかの動きを求めたとしても、本人ができないと思っていれば応えようがない、つまり「動き出しはみられない」と判断される場面になってしまいます。その結果、利用者にとっては介助されるのが当たり前に、介助者にとっては介助するのが当たり前になります。これは、介助量がますます多くなる悪循環に陥ってしまう要因ともいえます。したがって、本人が受け入れられそうな動きを伺う姿勢が必要です。「**顔だけでもこちらに向けられそうですか？**」と声をかけ、毎日の小さな「動き出し」を積み重ねていくことが動くことへのハードルを少しずつ下げてくれます。

“顔だけでも”は「動くのは大変そう」という本人の様子に共感して発せられる言葉です。したがって、“それなら顔を向けてみようか”と意思のやりとりがなされていると想像できます。可能性のありそうな小さい動きを「どうでしょうか？」と本人に伺うことで、前向きな思考が働くことが期待できます。

顔だけでも
こちらに向けられそう
ですか？
それくらい
なら…

やってみよう！

受け入れてもらえそうな小さな動きを伺う。

29

使いたい言葉 ㉙

今日は、ご自分で起きられそうですか？

「昨日できなかったことは今日もできない」と決めつけず、今日はどうだろうかと新たな目で見る。

人の能力、特に生活動作は時と場合によっていくらでも変化し得るものです（言葉⑬、p28参照）。しかし、チームケアのなかで、ある程度、統一したかかわり方（介助方法など）を求められる介護の現場では、利用者の能力について、起き上がり、移乗、排泄、食事などの動作を「縦割り」で評価し、動作ごとの介助方法が決められてしまいやすい状況にあります。それは、介助者の知識や技術の差をカバーし、安全な介助を行ううえで大切なことだとは思います。しかし、介助者が共有することになる“できない”という情報は、バイアス（偏見）となって、利用者を“できない人”としか見えなくしてしまう恐れがあります。

したがって、少なくとも、今日はどうだろうかと新鮮な目で見ようとする態度でいることが大切です。「**今日は、ご自分で起きられそうですか？**」と伺うのは、できないことを前提にしていません。可能性を伺っています。したがって、もし、昨日と同じようにできなかったとしても、見ようとしているものが違っているので、「○○をやろうとしてもらえた」「○○に本人の力が入っていた」というように、その動作に対する本人の能力に気づくことができるかもしれません。

「**今日は、○○できそうですか？**」と伺うということは、この後、介助がどう展開するのか決まっていないという意味もあると思います。つまり、介助者が新鮮な目で見てくるのであれば、利用者も「どうかな？」と新鮮に自分の身体と向き合い、やってみようとする「動き出し」のハードルも少しは下げられます。伺う姿勢によって、見ようとしていなかったことがたくさんあることに気づかされます。

今日は、ご自分で
起きられそうですか？
昨日より、調子いいし
できるかも

やってみよう！

可能性を伺ってみる。

30

使いたい言葉 30

一人で座っていられそうですか？

介助者が安全を確保するのではなく、本人が安全を感じるよう促す。

安全に座っていられることは、それだけで食事や排泄などのように座って行う活動がしやすくなります。また、娯楽などを楽しめる可能性も広がるものです。周囲に目を向ける余裕が生まれますので、コミュニケーションの機会も増えるでしょう。したがって、介助で起き上がり、座位になってもらう際に、利用者が安全を感じられているかどうかは大切な視点です。

安全を確保するために「手すりをつかんでいてください」と、してほしいことを介助者が先回りして伝えていたり、あるいは、本人の手を引っ張り、手すりにつかまってもらうようなことはありませんか。また、起き上がりの介助の後に、利用者の背中に回した介助の手をいつまでも離すことができず、そのまま、移乗などの次の動作を介助することはないでしょうか。このように介助者が利用者の安全を100%確保しようとすると、介助の手が足りなくなり、無理な姿勢で介助することとなり、かえって利用者を危険にさらすような場面もみられます。
　身の安全を守るのは、ある意味「本能」です。不安な状態は自分で何とか避けようとします。したがって、まずは「**一人で座っていられそうですか？**」と伺ってみるとよいと思います。「大丈夫だよ」と利用者があっさり応じるときは、その言葉どおり、倒れないようにさまざまな「動き出し」がみられることも多いです。その意図をくんだ介助が、利用者の「動き出し」に応じて行われるだけで、利用者は安心して介助を受け入れることができます。たとえ「できない」と言われたとしても、「では、どこにつかまりますか？」と本人に選択肢のあるかかわりを続けることができます。

一人で座っていられるか、
確認しておけばよかった…
とっ、届かない…！

やってみよう！

一人で座っていられるか、本人に任せてみる。

31

使いたい言葉 31

手すりを使いますか？

手すりを使うことを当然とするのではなく、利用者が選択する。

一般的な知見をもとに、よかれと思って設置したはずが、ほとんど使われていない手すりをよく見かけます。同様の経験をもつ介助者も多いのではないでしょうか。ベッドの手すりなども同様で、使うか、使わないかはもちろん、手すりのどこにつかまるかについても、本人次第ですし、時と場合によってまちまちです。「あれば便利」というのは、手すりを使用しない健常者の感覚なのかもしれません。

一方で、高齢者の自宅などでは、手すりを設置していなくても、何となくつかまりやすい場所が手あかで汚れていたり、支えがほしい場所に自然と家具などを移動し、配置している状況を見ることがあります。高齢者だから、障害者だからといって“手すりを使うことが当然ではない”と思わされる経験です。また、利用者と散歩しているときなど、手すりのある場所では、つい「手すりにつかまってください」と言ってしまいがちです。しかしそれは、利用者の安心、安全より、むしろ介助者が安心したいための言葉であり、利用者を介助者の意図どおりに誘導するものになっているように思います。

「**手すりを使いますか？**」と伺うだけでも、利用者主体の態度に変わることができます。手すりを使うことが当然ではないという一つの認識から、どのような場面でも利用者に選択肢があるという視点に広げて理解してもらえるとよいと思います。介助者が決めたルールによって、利用者の自由が狭められていることを反省しなければなりません。

やってみよう！

どこにつかまるかは、本人に選択してもらう。

32

使いたい言葉 32

お手伝いしましょうか？

やってみようとする決心を奪わず、介助の必要性を確認する。

はたから見れば、ハラハラするような動きで、しかもどう見ても一人ではむずかしいだろうと思われる動作でありながら、何とか自分でしようとする利用者がいます。結局は介助するのだから、あるいは危険のないようにと介助者が先回りして手を出してしまいたくなる場面です。しかし、本人はできそうだとイメージしているから動き出しているのですから、やはり、安易に手を出すのは控えたいところです。

一方、利用者も恐ろしさに打ち勝ちながら、途中でうまく動けなくなることもありながらチャレンジしているのですから、手を貸してほしくないわけではないのは想像できます。やってみようという決心と「動き出し」はセットです。また、やっていなかったことも一度の挑戦で、身体が思い出したかのように反応してくれることもあります。「**お手伝いしましょうか？**」という言葉は、利用者を受け身にさせるのではなく、安心を保証する言葉だと思います。それは、本人の決心を後押しする意味があります。「いや、自分でやってみるかな」「ちょっと、見ててもらえるかな」など、伺う姿勢は意外にも、本人を主体的にさせるものがあります。

介助者の存在は、介助をするためだけではなく、必要なときに、いつでも手を貸してもらえる安心感を与えられる、「うまく動けず介助されてしまった」という羞恥心を抱かせることがないよう、さりげなく配慮できるという大切な役割があると思います。「**お手伝いしましょうか？**」と、必要になったら遠慮なくいつでもどうぞという態度でかかわりたいものです。

やってみよう！

「お手伝いしましょうか？」と声をかけて安心してもらう。

33

使いたい言葉 33

私の手が離れても大丈夫ですか？

身体を触りすぎず、
介助の手を離すタイミングを見計らう。

介助量が多くなるにしたがい、介助者の手は、常に利用者の身体にふれ続けることになってしまいます。この状態は、介助が必要なのだから当然のことと片づけてしまってよいのでしょうか。それは、利用者の側からすれば、常に誰かに触られ続けている、支えられ続けている状態です。これまでの生活ではそのような経験のない人がほとんどでしょうし、介助を受けた経験のない者にとっては想像することしかできませんが、決して気分のよいものではないのではないでしょうか。

人はどんなに苦痛で不快な状況にも適応しようとし、また実際、徐々に適応していきます。したがって、他者の介助を必要としていることに対する羞恥感情への慣れや、介助されることが当たり前になる状況は、介助者によってつくられるものと考えるべきではないかと思います。介助されるのは仕方ないとしても、触られ続けている状態からは解放される時間があってよいと思います。

座位になったとき、手すりをつかんで立っているとき、杖で歩行しているとき、「**私の手が離れても大丈夫ですか？**」と一声かけてみてください。利用者は、「うん」とうなずいたり、「はい」と返答したりすることもあります。そのときは、そっと手を離す時間をつくってみればよいでしょう。たとえ一瞬でも、自分の身体を保つ経験は、何より自尊感情を回復させます。また、「こわい」「だめ」という返答でもよいのです。なぜなら、「**私の手が離れても大丈夫ですか？**」という声かけは、責任をあずけることを本人に伺う声かけだからです。たとえできなくても、自尊心をくすぐることができます。

私の手が離れても大丈夫ですか？
はい
歩けたっ！

やってみよう！

自分の身体に責任をもってもらう時間をつくる。

34

使いたい言葉 34

起きてみませんか？

「起こす」ではなく、
「起きる」ことを誘う。

レストランなどで、店員が注文をとりに来る際には、「何にいたしますか」と声をかけられると思います。この声かけは、お客の様子を伺いながらの行動になるのだと思いますが、「様子を伺う」には、「どのような意向にあるか調べる」「出方を伺う」などの意味があります。介助の場面でも、利用者の意向を知ることは大切ですし、利用者の出方、つまり「動き出し」を伺う姿勢は大切ですから、特に目上である高齢者に対しては伺うというコミュニケーションは意味のあるものだと思います。

レストランでは「今日は〇〇がお勧めですが、いかがですか」や「いちばん人気は〇〇ですが、どうでしょうか」などと、伺う言葉にはお客を誘う具体的内容が含まれることもあると思います。「よかったらどうぞ」というお誘いですから、選択の余地はお客にある言葉です。同時に、興味をそそられ、つい注文してしまうような言葉でもあります。同じように、「起きてください」ではなく、「**起きてみませんか？**」と声をかけることは、起きることが義務ではなく、「よかったらどうぞ」と選択の余地があることを示すことであり、安心できるものとなります。また、お誘いの意味合いからは、動き出すほうへ促されやすい印象があります。仮に、利用者にとっては誘い出された状況であったとしても、本人が自ら動き出すことには変わりありませんので、起き上がった後の動作にもよい影響が続くことになります。

ふだんの介助では「**今日はお天気がいいですよ。起きてみませんか？**」と、レストラン同様にお誘いする具体的内容がつけ加えられるとよいと思います。

やってみよう！

誘うつもりで伺う。

35

使いたい言葉 35

立ってみませんか？

**いつもどおり介助するのではなく、
チャレンジを誘う。**

利用者が自ら動き出した動作は、たとえそれがわずかな動きであっても、その後の動作にもよい影響が続きます。したがって、利用者が自ら動き出して座位になったのであれば、いつもは介助の手を離すことができなくても、そのときは「私の手が離れても大丈夫ですか？」と利用者に伺ってみるとよいと思います。動き出すということは、自分で自分の身体を感じているのですから、安心、安全を得ようと自ら調節をしようとする動きがみられやすくなるからです。姿勢のバランスを保とうとするときには、覚醒に作用する脳幹網様体といわれる場所が働きますから、利用者の覚醒度は上がり、運動や言葉の発信に、さらによい影響となります。

「今日は、いつもより自分で座ろうとしているな」と感じたら、その次の動作へのチャレンジを誘う絶好のチャンスです。「**立ってみませんか？**」と伺ってみましょう。そのタイミングは、唐突なものでもなければ、下肢の筋力がついたなど、身体機能のアセスメントをもとにしなければならないようなものでもありません。利用者の「動き出し」の延長に、そのチャンスが訪れるのです。どんなに力がついても、本人の立とうする動き出しがなければ、まったく立ち上がれませんし、逆に、どんなに力が弱くても、本人の動き出しに介助のタイミングが合えば、意外にもしっかりと立てるものです。したがって、立つことがむずかしい利用者に対して「立つ」練習だけを行うのではなく、むしろ、座位を保とうとするわずかな動き、起き上がろうとする「動き出し」を大切にすればよいのです。人の生活には切れ目などないのですから、そのときが「**立ってみませんか？**」とチャレンジを誘うタイミングなのです。

やってみよう！

自ら座位を保とうとするときは、立ち上がりまで誘ってみる。

36

使いたい言葉 36

歩いてみませんか？

**やるか、やらないかは別として、
ふだんやっていないことを誘う。**

利用者の身体の状態や安全、効率性を考えれば、歩くことが必ずしもよいとは限りません。しかし、そのことと、利用者に「歩きたい」という思いがあることとは、まったく別な話だと思います。転倒させてしまう恐怖や、本人に失敗を経験させたり、恐ろしい目にあわせたりしたくないという思いから、歩行する機会はどうしても少なくなります。一方、歩かせてあげたいという気もちも、介助者に共通するものだと思います。では、歩くチャンスはどのようにつくればよいのでしょうか。

本人の動き出しに介助のタイミングが合えば、意外にもしっかりと立てるものです。その流れで「**歩いてみませんか？**」と伺うのは、よいタイミングだと思います。だからといって、歩くか、歩かないかという結果は、特に重要ではないと思っています。ふだんやってもいないことに誘われたり、思ってもみなかったことを言ってもらえたりすることが重要なのです。

可能性がまったくない人に対して「歩いてみませんか？」と声をかけるのは失礼ですし、侮辱と思われても仕方ありません。つまり、介助者が感じた可能性を言葉で伝えることに意味があります。立ち上がろうとしてもお尻も上がらないときや、立っていることすらおぼつかないときに、「歩いてみませんか？」と声をかけられても利用者にとってはいい迷惑だと思います。「動き出し」を大切にして、本人が「うまく立ち上がれた」という状態の延長上で「**歩いてみませんか？**」と声をかけることに意味が出てくるのです。

「**歩いてみませんか？**」という言葉の先に、利用者の誇らしい表情が浮かびます。

やってみよう！

ふだん歩いていなくても、
うまく立ち上がれたときには歩行を誘ってみる。

コラム

使ってはいけない言葉②「だめ」「違う」

利用者とのコミュニケーションでは、否定の表現は使いたくないものだと思います。否定にそぐわないのが、伺うコミュニケーションです。たとえばレストランで店員がお客に「何にいたしますか？」と伺い、お客が「ラーメン」と返答したとします。その返答に対して、店員には、「だめです」「違います」という選択肢はありません。介助も同じです。「起き上がれそうですか？」と伺ったのは介助者ですから、それに対して利用者がどのように動いても、「だめ」「違う」と否定することはあり得ません。「起きてください」という指示をした場合は、こうあるべきという介助者の希望が入り込みやすいので無意識に、利用者の反応に対して否定の言葉を使ってしまいやすいのかもしれません。

第 4 章

説明する、依頼する

介助者主体となって利用者を介助する、つまり利用者の動作を操作してしまうことは、利用者を受け身にさせ、結果的に言葉や動きの発信を抑制してしまいます。たとえ介助量が多い場面であったとしても、次に何をするのか、それによってどうなるのかを説明することで利用者に予測がたち、その動作に主体的にかかわる余裕が生まれます。また、介助するうえで利用者に何らかの依頼をすることは、その動作に責任をもってもらうことになり、利用者主体の介助、利用者主体のコミュニケーションになります。

37

使いたい言葉 37

今日は△△時から〇〇があります

イベントが突然やってくるのではなく、本人に生活の流れを意識してもらう。

病院や施設での生活は、検査やリハビリテーション、医師による病状の説明、レクリエーションなどさまざまなイベントがあります。生活にはさまざまな出来事があるのは当然ですが、通常の生活との違いは、それらのイベントは本人ではなく、施設側の都合で組まれる場合が多いということだと思います。当たり前のようですが、この違いは大きいと思います。

私たちは、大雑把でも何時に何があって、それは何時に終わり…と、自分の一日の流れをイメージしつつ生活していると思います。それほど意識はしていなくても、そのイベントに向けて心身が準備されるから、仕事など、時に積極的になりにくいことも受け入れられるのでしょう。したがって、利用者のスケジュールが施設の都合になってしまうのは仕方ないとしても、イベントの当事者は本人ですから、可能な限り本人が生活の流れをイメージできるよう配慮する必要があります。

「**今日は△△時から○○があります**」と利用者に伝えることは、それを理解しているか否か、覚えていられるか否かという問題ではなく、生活の主体者は利用者であることを尊重する態度として大切にしなければならないと思います。それにより、利用者が一日を見通せるのであれば、流れにそった行動を主体的に行ってもらえる可能性が広がります。したがって、本人に生活の流れを意識してもらえるよう、少なくともふだんと異なるイベントがある場合は、事前に伝えておくことを心がけたいものです。

今日は2時から
リハビリが
あります
そろそろ
準備しよう
かしら

やってみよう！

その日のイベントは事前に伝える。

38

使いたい言葉 38

私の都合で申し訳ありません

「うそ」の誘い文句を使わず
正直に説明する。

利用者が身体を動かしてくれないとき、たとえば、なかなか起きてもらえないようなときに、つい、「うそ」の誘い文句を使ってしまうことはありませんか。表現はよくありませんが、いわゆる「釣る」という状況です。本人の好きな食べ物で釣るといった対応をした経験のある介助者も多いと思います。利用者も言葉に「釣られて」動いてくれることもありますが、何とも後味がよくないものです。しかし、無理やり介助するわけにはいきませんので、「動き出し」がみられない利用者の介助に苦慮しているのだと思います。

大人同士のコミュニケーションは対等ですから、そのようなときは、「**私の都合で申し訳ありません**」「**動けるのはわかっているのですが、今日は時間がなくてごめんなさい**」など、正直に説明すればよいのです。コミュニケーションは言葉からだけではなく、介助者の正直な表情や態度を通じて利用者に理解されます。こちらの都合を伝えることは、利用者に理解を求めるものですので、利用者は「あなたも大変ね」と動き出しとなって返してくれることもあります。あるいは、介助者の事情を察して、本来の能力と見合わない介助を受け入れてくれて、「抵抗」などの介助を妨げる行為が抑制されることも多いと思います。

もしかすると、誘い文句に「釣られて」いるように見えるのは、人生の先輩である利用者がそれを察して乗ってくれている、つまり一枚上手であることに介助者が気づいていないだけなのかもしれません。

やってみよう！

正直に説明して理解を求める。

39

使いたい言葉 39

30分後にお邪魔してもいいですか？

不意打ちは避け、時間の約束をする。

正直に説明しても状況がかんばしくないときには、介助者がいったん引くことも大切です。しかし、次にお邪魔するタイミングが突然で、不意打ちのような状況になるのであれば、かえって利用者の機嫌を損ねてしまいます。気が乗らない誘いが、意に反して唐突にやってくることで、さらに消極的になるという経験は誰でもしていると思います。

何かの勧誘など日常における唐突な訪問はいら立ちますが、事前に約束していれば受け入れざるを得ません。そこで、いったん引く際に、介助の必要性を説明するのはもちろんですが**「30分後にお邪魔してもいいですか？」**と具体的な約束をしておくとよいと思います。そんな約束をしても、忘れてしまうのではないかと思われるかもしれませんが、それは高齢者に限ったことではありませんので、約束することに意味がないわけではありません。「約束どおり30分経ちましたのでお邪魔してみました」と伝えれば、「そんな約束したかな」と思いつつも、大人として常識的な対応をしてくれる場合も多いです。つまり、「それなら仕方ない。起きるか」と気もちを切り替える機会となるかもしれません。

それでも介助に応じてもらえないとしても、不意打ちのようにお邪魔することだけは避けることができます。多くの職種が利用者の生活にかかわる施設の生活では、利用者の都合のみを優先することはむずかしいですから、利用者と介助のタイミングが合わないときには、いったん引くことに合わせて、時間の約束をするのも一つの方法になると思います。

約束どおり
お邪魔してみました
そんな約束したかしら？
まぁ、約束したなら
仕方ないわ…

やってみよう！

利用者と介助のタイミングが合わないときは、いったん引いて、時間を約束する。

40

使いたい言葉 40

お手伝いしますので、肩と腰を触らせていただきます

声かけを形骸化せず、これから起こることを予測してもらうように心がける。

介護は他者の身体に対して直接的にかかわる、つまり触る、動かすなどが必要になる仕事です。他者である利用者の身体にふれる際には、一声かけるのがマナーであり、実際に多くの介助者が実践しているものと思います。しかし、映像などで介助の様子を振り返ってみると、声かけと同時に利用者の身体に触っている、あるいは、声かけすらない場面も見受けられます。あらためて、介助の際の声かけは何のためにするのかを考えてみます。

他者の身体に無断で触ることは、非常に失礼な行為であることを否定する人はいないと思います。無断で触られる側からすると、不快な感覚や恐ろしさを覚えるだろうと簡単に想像できるからです。草むらから飛び出す小さな昆虫に恐れをなすように、どんなにささいな刺激でも、予測なく襲ってくるものは受け入れがたいものです。したがって、声かけには、これから起

こることを予測してもらう意味があると思います。健常者同士で試してみても、いきなり身体のどこかにふれられる場合と、「**肩を触らせていただきます**」などと、予測できるような具体的な声かけがあった後にふれられるのでは、かなり異なる感覚であり、相手に対する印象も違ってきます。後者は、ずいぶんと落ち着いて受け入れられることがわかります。

介助の際、利用者に声かけをするのは当たり前です。しかし、その声かけが、これから身体に起こることを予測できないくらい形骸化したものになっていたとすれば、そのことで利用者は身体を強張らせるだけです。むしろ利用者が動けない状況を介助者がつくってしまっているのかもしれないと考えてみてください。

やってみよう！

どこを触るのかを具体的に伝える。

41

使いたい言葉 41

少しずつ身体が右に向きますよ

身体にふれるときだけでなく、
身体を動かし始めるときにも声をかける。

何か動作をしているとき、身体の向きや手足の位置は刻々と変化しています。その変化は自ら動き出してつくっているのですから、当然、その変化を受け入れつつ、動きをつなげて動作を完遂します。動き出しに伴う身体の向きや手足の位置の変化は意識せずとも感じられているので、動きは滑らかにつながります。

では、他者から介助される場合はどうでしょうか。身体の動き出しは介助者によってつくられたものとなりますから、利用者にしてみると不意なものといえます。したがって、「○○を触らせていただきます」と声をかけることで、いったん、受け入れられたはずの利用者の身体は、“動かされる”という新たな刺激に恐怖を感じ、抵抗します。

動く、動かされるということは身体に起こる小さな変化です。この変化を受け入れられなければ、そこにとどまろうとしますから、結果として“突っ張る”ことになります。そこには、突っ張るという「症状」があるのではなく、突っ張らせている介助者の存在があるだけです。したがって、介助によって身体が動き出すとき、たとえば介助によって身体の向きを変える場合に、「**これから、少しずつ身体が右に向きますよ**」と、利用者が予測できる声かけを心がけるだけで、身体を極端に突っ張らせることなく介助することができます。

“突っ張る”という状況は、本人が「受け入れられる許容量を超えています」と身をもって示してくれているサインなのです。したがって、受け入れられる小さな変化を少しずつつなげていくように介助すればよいのです。

やってみよう！

受け入れられる小さな変化を
少しずつつなげていくように介助する。

42

使いたい言葉 42

次に身体が起きてきますよ

過剰な声かけは避け、ピンポイントに伝える。

　動きの少ない利用者に対する介助では、介助に応じてもらえない、声かけがうまく伝わっていないと感じる場面も多く、介助者の言葉数も多くなってしまうことはありませんか。刺激が多すぎると、利用者はますます混乱し、動けない状況が助長されてしまいますので、声かけは適切なタイミングで短く伝えるほうがよさそうです。

　そこで、ぜひ、心がけたい3つのポイントをお伝えします。前項からのおさらいになりますが、まずは、①利用者の身体にふれる前に、どこを触るのかを伝える、②介助で動かす前にどう動くのかを伝える、そして、③動く方向が切り変わるときに伝える、です。たとえば、起き上がりの介助で利用者の身体が横を向いてから、次に身体を起き上がる方向へ介助する際に、「**次に身体が起きてきますよ**」と、それが利用者にわかるよう声をかけます。これから起こる変化を利用者が予測できることが大切ですから、利用者が感じる動きが何か変化する直前が声をかけるタイミングとなります。何がどのように変化するのかを伝えるわけですから、どう声をかけたらよいのかということをむずかしく考える必要もありません。

利用者に対して介助者の言葉数が多くなるのは、「利用者が理解してくれないから」という理由からだと思いますが、利用者からすれば、「その声かけでは何をされるのか、どうしてよいかわからない。だから動きようもなくなる」ということになります。過剰な声かけは避け、常に利用者が動きを予測できるようピンポイントに伝えるとよいです。

左手でベッドの手すりを…
右手に力を入れて…
頭を上げて…
?
?
次に身体が起きてきますよ
スッ

やってみよう！

利用者が感じる動きが変化するタイミングで声をかける。

43

使いたい言葉 43

私の手がここにありますから、倒れることはありませんよ

安全を守るだけではなく、
安心できることを感じてもらう。

介助の際に利用者の安全を保証するのは当然ですし、今ある能力を発揮してもらい、それを今後の生活でも維持していくうえでは最も優先すべきことであると思います。どんなにすばらしい心身機能があっても、安全が保証され、安心であると感じられなければ、その能力は使われようがありません。そして、介助者はもちろんのこと、本人も気づくことなく埋もれていってしまい、本当に「できないこと」にさせられてしまうのです。

介助によって利用者の安全は守られているかどうか、その答えを知っているのは被介助者である利用者だけです。介助をする側からすれば、利用者の腕を自分の肩や腰に回してもらい、しっかりと抱えることが安全ととらえられるのかもしれません。しかし、利用者からすれば自由を奪われるのですから、しっかり抱えられているからといって、安心できるわけではありません。「**私の手がここにあります**」と声をかけることで、

安全を守るために介助者は何をしているのか、どう介助しているのかを伝えます。そして「**（だから）倒れることはありませんよ**」と、それによって果たされる意味を伝えることで安心を感じてもらうことが大切です。

「溺れた人を救助するのに、いちばんに行うべきことは安心させること」といわれます。いきなり救助しようとするとパニックを助長し、救助者も危険にさらされて二重事故となる恐れがあります。もっている技術の行使は後にして、まずは安心を感じてもらうのは、介護の世界でも同じだと思います。

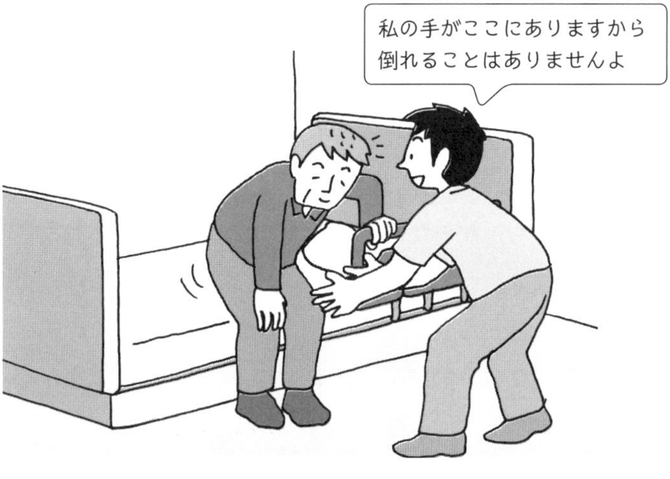
私の手がここにありますから
倒れることはありませんよ

やってみよう！

介助の前に、まずは安心を感じてもらう。

44

使いたい言葉 44

私が前にいますので安心して向かってきてください

安心のために介助するのではなく、
利用者のチャレンジを後押しする。

「動きたいのだけれど、恐ろしい…」「できそうなのだけれど、する勇気をもてない…」など、恐ろしさは身体を強張らせますし、ほんの少しの勇気を出せないことで貴重な経験の機会は失われてしまいます。

たとえば、起き上がりや立ち上がり動作の際に、十分に身体を前に傾けられずに伸び上がるようになってしまい、起き上がったり、立ち上がったりできずに元の姿勢に戻ってしまうような人がいます。ちょうど、勇気を出してアクセルを踏んだのに、誰かに後ろから引っ張られているかのごとく、そのチャレンジを無意識に自ら抑制してしまっているのです。能力がなくてできないのではなく、能力を出し切れていないのです。したがって、安易に介助してしまうのは足りていないものを埋めているだけであり、能力を引き出すことにはつながりません。

では、利用者のチャレンジをほんの少し後押ししてくれるものは何なのでしょうか。恐怖に打ち勝つチャレンジには、それを受け止めてくれる安心が必要です。必ず受け止めてもらえるという保証は、ほんの少しの勇気を与えます。「**私が前にいますので安心して向かってきてください**」「**私に身体をあずけて大丈夫ですよ**」など、少し先で、利用者の動きを身体で受け止めてくれる誰かの存在をわかってもらうことが何よりの安心になります。安心のために手を携えるのは悪いことではありません。しかし、自分でやってみることで、身体は覚えますし、思い出します。「あなたの動く先には私がいますから、どうぞ安心して動いてください」というメッセージを利用者に伝え、動き出しを後押しすることも立派な介助です。

私が前にいますので
安心して向かってきて
ください

やってみよう！

利用者の動きを身体で受け止める。

45

使いたい言葉 ㊺

できなくても、何てこと ありませんから

できなくてもよいという安心感を
もってもらう。

生活動作は日々、繰り返し行うものですから、健康なときにそれをむずかしく感じることはありません。できていて当たり前であった動作ができなくなるとは、どういうことなのでしょうか。

私たちは、経験のないスポーツやダンスがうまくできないとき、それほど恥ずかしく感じることはありません。できなくても問題ないからです。しかし、簡単な体操や音楽に合わせる程度の踊りがぎこちなくなってしまうときには、恥ずかしい思いをすると思います。できない自分と向き合うのはつらいでしょうし、恥ずかしい思いをするのを避けたいのは誰でも同じです。自信のないことを、ましてや人前でなどやりたくありません。利用者がベッドから起き上がる、立ち上がるなど、簡単なはずの生活動作を行うのに自信がもてないとすると、いろいろと理由をつけてやりたくないという気もちになることにも共感

できます。

そこで、「**できなくても、何てことありませんから**」と、できなくても問題ないという安心感をもってもらうことが大切です。利用者がやらないことを「できないこと」とみなしてしまうと、できるようになるために機能訓練を行うという誤った対策がとられかねません。できなくても問題ないという安心感があれば、わずかでも自ら動き出そうとする可能性が広がります。その安心感は、介助者の声かけや立ち居振る舞い一つで大きく変わります。利用者に何かやってもらえるよう依頼する場合は、恥ずかしい思いをさせないような対応をとることも大切です。

できなくても、
何てことありませんから
やってみてください
ぐっ

意識してみよう！

利用者に恥ずかしい思いをさせない。

46

使いたい言葉 46

○○していただけますか？

介助者が指示するのではなく、利用者を信頼してお願いする。

他者から何かを依頼されることを、不快に思う人は少ないのではないでしょうか。それは、面倒だとか、忙しいなど、ネガティブな思いが芽生えることもある反面、少なからず「信頼してくれている」「私の都合を優先してくれている」と感じられるからだと思います。一方、「指示」に反発したくなるのは、相手の都合によって動かされるという印象がつきまとうからかもしれません。

介助は、利用者の生活動作に対して行うものですから、利用者に主導権がある行為です。したがって、「指示」のように介助者が主導するようなコミュニケーションは、介助の場面にはそぐわないものです。利用者のことを利用者にお願いするというのも一見、矛盾するようですが、もし介助されるのが当たり前になっている状況があるのであれば、「(あなたのことはあなたに) お願いします」という声かけは、利用者に主体性を感じてもらうには有効な言葉になります。自分より若い介助者にお願いされたのであれば、一肌脱がないわけにはいきません。そのような雰囲気をさりげなくつくってみるとよいと思います。きっと「動き出し」という形で応えてくれようとする姿に気づくことができると思います。

「**〇〇していただけますか？**」と、指示ではなくお願いする姿勢は、利用者に対して単に下手に出るということではなく、相手への信頼と期待を伴う意味が込められるものです。だからこそ、利用者からその意をくんだ反応を期待することができるのです。

やってみるか…
車いすに移っていただけますか？

やってみよう！

お願いする姿勢で声をかける。

47

使いたい言葉 47

〇〇だけ お願いできますか？

動作のすべてではなく、限定してお願いする。

利用者の動作をアセスメントするとき、「自立」「一部介助」「全介助」などと大雑把に把握することが多いと思います。「自立」以外は介助が必要な状況ですから、「〇〇していただけますか？」という声かけに対して、利用者から「できません」と応じられると、当然のように介助の手を出すことになると思います。

しかし、生活動作のような身体で覚えたことは、本来その動き方を忘れるものではありませんから、「利用者ができる部分はたくさんあるはず」と思って介助するとよいと思います。本人ができそうなことであれば何でも構いません。しかも、これくらいならできそうかな、とふだんかかわる介助者が想像することは、たいてい当たっています。したがって「**〇〇だけお願いできますか？**」と利用者に任せる部分をつくってみるとよいでしょう。一つのほんのわずかな「動き出し」も毎日の積み重ねによって、本人に任せられる量は確実に増えていきます。気がつけば「一部介助」の“一部”の内容は随分と違うものになっているでしょう。

誰かの依頼に応えるのは、それを受け入れられるか否かの判断にかかっているのでしょうから、利用者が受け入れられそうなことに限定してお願いすればよいと思います。無理な依頼をしてまったく何もできないより、わずかでもやってもらえることがあり、そこから動きが広がる可能性を感じられるほうが、格段に意味のある介助だといえそうです。

頭だけ上げて
いただけますか？
それくらいなら…

やってみよう！

利用者に任せる部分をつくる。

48

使いたい言葉 48

私が△△しますので、〇〇をお願いできますか？

介助者主導で介助するのではなく、利用者と動きの取り引きをする。

介助は、利用者と介助者で同じ目的を果たすために協力して行う活動です。介助者が主導するものではありませんし、もちろん介助を必要としているわけですから、すべての動きが利用者主体に進められるわけでもありません。介助の意図が利用者に伝わらなければ動き出しようがなくなりますし、利用者の動き出しに気づかなければ、それを利用した介助を行うこともむずかしくなります。したがって、協力して行うはずが、力の衝突や動きの停滞を招くことにもなり、かえって互いに窮屈な思いをし、あるいは利用者の能力について誤った見方をしてしまう恐れがあります。

では、どうしたらよいのかというと、介助者は、自分が何をどう介助しているのかを利用者に伝えればよいのです。動作には流れがあります。今の介助は次の動きにつなげるために行っているはずです。したがって「**私が△△しますので、〇〇をお**

願いできますか？」と、次の動きを伝え、利用者に協力を依頼します。「私が△△しますので」という安心を伝えているので、だからどうぞ「○○をやってみてください」と依頼するコミュニケーションが成立します。つまり、よい意味で動きの「取り引き」をすればよいのだと思います。介助の意図があるのですから明確に依頼すればよいですし、それに応じてもらうことで本当の意味で協力して行う活動になります。

介助者の依頼に応えてくれた利用者に対して「ありがとうございます」と感謝の言葉を自然と発していると思いませんか。介助者の意図と、利用者の意思が交わされる真のコミュニケーションの場面です。

私が頭を
支えていますので…
私は、起き上がって
いけばいいのね

やってみよう！

何をどう介助しているのかを明確に伝える。

コラム

使ってはいけない言葉③
「〇〇に力を入れてください」

私たちの日常生活動作は、どんなにささいなものであっても全身で行っています。たとえば食事に手を伸ばす行為一つとっても、上肢の動きはもとより、目線の動きや姿勢を整えるために足腰の動きも伴います。行為の流れのなかでどこにどれだけの力を入れるか意識することはありませんし、それは、できないことです。介助の場面で「〇〇に力を入れてください」と、つい言ってしまうのですが、たとえば「膝に力を入れてください」と言ったとしても、実はどうにもやりようがないことなのです。動作に対する声かけは身体に焦点を当てるより、「床をしっかり踏みつけてください」など、身体の外に焦点を当てるような声かけのほうが有効です。利用者にしてもらうことの説明は大切ですが、少し工夫も必要です。

第 5 章
期待して、信用する

私たちの言動は、自分がどれだけ期待されているか、信用されているかによって、大きく左右されます。そして、自分が理解されているか、信用されているかは、相手の態度やその場の雰囲気から感じ取ってしまうものです。つまり、話ができたり、身体が動いたりすることは、単純にその機能があればよいわけではなく、相手の態度やその場の雰囲気の影響を受けるのです。介助者は、利用者の発信を真に期待し、信用するための「観点」をもっている必要があります。それにより、利用者の本当の能力を知ることができます。

49

使いたい言葉 49

急にふれられたら いやですよね

伝わっていないと決めつけずに、
触られることの不快に共感する。

声かけの意味は、これから起こることを予測してもらうことです。したがって利用者の身体にふれる前には、「〇〇を触らせていただきます」と声かけします。それでも、ふれた際にビクッと身体を強張らせる人もいますから、他者の身体に直接的にかかわるのは慎重であるべきだと思います。自分では意識しない手の冷たさだけでも敏感に感じる人は少なくありません。自分と他者の感覚というのは、それだけ違うということです。少なくとも急に身体を触られて気もちのよい人はいませんから、介助者は常に、触られることの不快に共感する態度でいる必要があります。

「自分で動けないのだから介助者が触るのは当たり前」「わかっていないのだから、いちいち声かけしなくてもよい」などということはありません。声かけが届いているのか否か、本当のところは利用者本人にしかわかりません。伝わっているのか、届いているのかわからないのであれば、伝わっている、届いていると信用して、そのつもりで声かけすればよいのです。

共感するとは、自分に置き換えて考えたり、察したりすることですから、「**ごめんなさいね**」「**急にふれられたらいやですよね**」と、もし自分だったら感じるであろうことを言葉にして伝えればよいと思います。声かけしたからといって、何か返答や反応があるわけではない場合がほとんどかもしれません。しかし、そのことと、伝わっているかいないか、届いているかいないかは、別のことだと理解しておく必要があります。

失礼します
急にふれられたら
いやですよね…
そうやって
声をかけてくれると
安心するよ…

やってみよう！

自分だったら感じるであろうことを言葉にして伝える。

50

使いたい言葉 50

自分から動き出すのは恐ろしいですよね

動いてくれるようお願いするだけでなく、動くことの恐ろしさに共感する。

利用者の能力を活かした介助をしたい、そのためにも可能な限り本人から動き出してもらいたいと心がけている介助者は多いと思います。したがって、つい「〇〇できそうですか？」と伺うだけでなく、「〇〇してください」と指示する表現も多くなってしまうのではないかと思います。あるいは「〇〇さんっ！　〇〇さんっ！」と名前を連呼していることも多いと思います。

どんなに理解力が低下していたとしても、名前こそ耳に届きやすいものでしょうから、利用者の側になって想像してみると、名前を連呼されるのはかえって耳障りで動き出そうとする気もちをなえさせている可能性もありそうです。動く能力が衰えているのではなく、恐ろしくて動けないのかもしれないと想像すれば、「**自分から動き出すのは恐ろしいですよね**」と、まず利用者の感じる恐ろしさに共感する姿勢でかかわる必要があります。

身体で覚えたことは忘れません。したがってその共感には「動き出す力があることはわかっています。自分から動き出そうとする気もちがあることもわかります。でも恐ろしさがあるのですよね」という、利用者を信用している態度が含まれます。利用者は、わかってもらえている、信用されていると思えるから、不安や恐ろしさに打ち勝って動き出すことができるのだと思います。動いてくれるようお願いするだけでは、利用者をかえって「動けない殻」に閉じ込めてしまう可能性があるかもしれません。

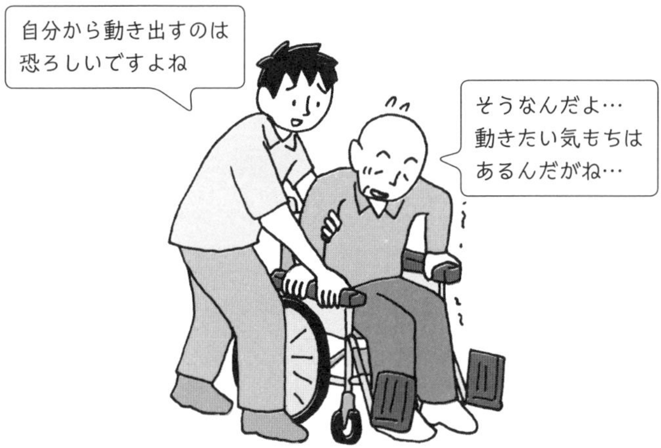

意識してみよう！

恐ろしさに共感し、
動き出す力があることを信用する。

51

使いたい言葉 51

頼れるところがわかると安心しますね

介助しているから安心なのではなく、頼れるところを利用者が実感できることで安心する。

私たちは安心、安全が保証されるとき自由に楽しく動くことができます。したがって、利用者の動きにかかわる介護では、利用者の安心、安全が介助によって守られるのは大原則です。では、安心、安全が守られるとはどういうことなのでしょうか。

恐ろしいとき、人は、身をかがめたり、うずくまったり、落ち着かず常に身体を動かしたりします。手段はさまざまですが、“安心は自らが探索して得ようとするもの” であるようです。たとえ誰かに守られるという事態であったとしても、どう守られているかがわからなければ安心を感じることはありません。

たとえば、手すりにつかまって立っているようなとき、手すりに身体をあずけている感じがわかる、あるいは何か危険が生じた際に、いつでもそれをよりどころにして回避することができるとわかっているから安心するのです。つまり、「しっかりと介助しているから安心」というわけではないので、どのような手段で安心を得てもらおうとしているのか、利用者に介助の意図がわかるようにするとよいと思います。「手すりに寄りかかっても大丈夫ですよ」と声をかけますが、手すりにどうつかまり、どう寄りかかるかは利用者が探りながら決めればよいと思います。そして「**頼れるところがわかると安心しますね**」と、自分で探索して実感できることが、何よりの安心であるとわかってもらうことが大切です。こうしてほしいという動きを過度に誘導してしまうと、利用者にかえって恐ろしい思いをさせてしまいます。

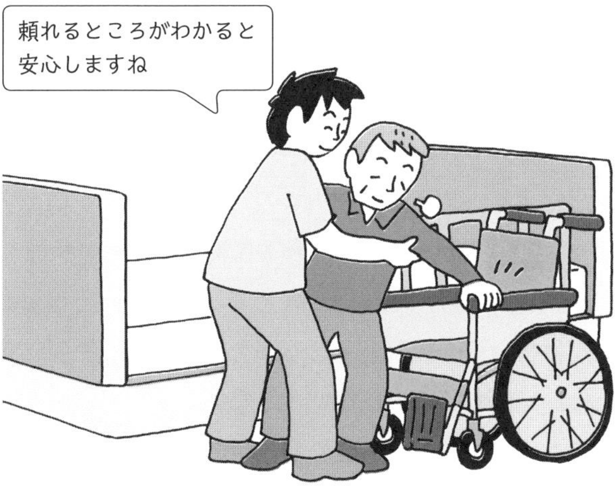

意識してみよう！

安心を感じるために、利用者自身に探ってもらう。

52

使いたい言葉 52

私も緊張していますので、一緒ですね

利用者を知ろうとするだけではなく、自分もさらけ出す。

介助を行ううえで利用者との信頼関係は大切な要素です。他者の生活に入り込み、かつ身体に直接的にかかわるわけですから、できれば初対面から信頼に足るコミュニケーションをとりたいものです。そのために私たちは、利用者の情報を事前にしっかりと把握し、当日の体調や様子に配慮した介助を行っていると思います。つまり、利用者のことをよく知ることや知ろうとする態度が信頼関係を築くために必要だといえそうです。

しかし、ふだんの人間関係を考えてみるとどうでしょうか。一方にだけ相手の情報が多くある場合に、信頼関係が成立しているとはいいがたいのではないかと思います。対等にとはいかないまでも、少なくともお互いが相手のことを知ることができる状況にあるから、その関係に安心感が生まれるものだと思います。

初対面の介助では、利用者は緊張します。それはお互いさま

ですから「**私も緊張していますので、一緒ですね**」と介助者も自分をさらけ出せばよいと思います。取り繕ったていねいさや、明るさで接するよりも、素の内面を知ることができたほうがより身近に感じられるのが人間関係です。介助量が多く、反応が少ない利用者であったとしても、理解しているという前提でふつうに自分をさらけ出せばよいと思います。一方は自分を隠して、相手にだけ反応を求めるような信頼関係はあり得ないからです。ふつうに接するとは、相手の理解を疑わない態度のことでもあると思います。

私も緊張しています。一緒ですね
あなたもなの？

意識してみよう！

相手の理解を疑わず、ふつうに接する。

53

使いたい言葉 53

昨日、〇〇なことがあったのですよ

利用者から聞き出すだけではなく、介助者にまつわるエピソードも伝える。

信頼を寄せる人に対しては、自分の話を聞いてもらいたいものだと思います。利用者に呼ばれ、手招きされて昔話をされたり、「実は…」などと、困っていることや個人的なお願いごとをされたりするのは、介助者への信頼あってのものだと思います。また、そうされて親近感が増すこともあるのではないでしょうか。

コミュニケーションは双方向であると考えますと、介助者も自分のことを聞いてもらう姿勢でいるのは、利用者からすると嬉しいことなのではないかと想像します。利用者に信頼してもらいたいのであれば、それ以前に自分が利用者を信頼すべきでしょう。

その態度の一つが、自分にまつわるエピソードなどを話すことです。「**(聞いてください) 昨日、〇〇なことがあったのですよ**」など、特別なことでなくてよいと思います。聞いてくれている、理解してくれているという前提で自然に自分のことを話す人に対して、利用者は信頼します。介護は生活の場で行われるものですから、コミュニケーションを特別なものにせず、ふだんの生活と何も変わらない、年齢や立場相応にすればよいのです。利用者から何かを聞き出すためのコミュニケーションテクニックはさまざまにあるかもしれません。しかし、ふだんの人間関係でテクニックを使って相手から何かを聞き出すことはめったにありません。自分をさらすから、相手もさらしてくれるという程度ではないでしょうか。

昨日は結婚記念日
だったんです…
アラ、そうなの？

意識してみよう！

自分をさらして信用してもらう。

54

使いたい言葉 54

先ほど、〇〇なことがありましたね

伝えるだけではなく、
体験を共有する。

　発信者がいれば、それ以外の人は受信者になるのは当然の成り行きです。介助者が介助の手を先に出せば、利用者は介助を受信する人、つまり受け身になるのもしかりです。学校の授業などでも、教師が一方的に話していれば、生徒は必然的に受け身になっていきます。「発信者→受信者」という一方向的な状況によって、徐々にそれぞれの役割意識が強化されていきます。したがって、「受信者」が発信する機会はますます少なくなります。とはいえ、言葉や動きの少ない利用者に発信を期待し過ぎるのもお互いストレスになると思います。少なくとも生活の当事者であることを意識できるようなかかわりであるのが望ましいでしょう。

　利用者と介助者は立場の違いはあるにせよ、空間（場）を共有しています。生活のなかで起こるエピソードを共有していることも多いはずです。たとえば「**先ほど、〇〇なことがありま**

したね」と、体験を共有することは、どちらが主体でどちらが受け身といったコミュニケーションにはなりませんし、「楽しかったですよね」「恐ろしかったですよね」と体験に対する感情を共有することは、お互いの心理的距離を近づけるものになるでしょう。

コミュニケーションを一方行的なものにしないために、体験やそのときの感情を共有することを利用できます。テレビの前にただ座らされているだけでなく、「今の見ました？」「美味しそうでしたね」などと声をかけられることで共有できる体験は、日常にたくさん存在しています。同じ体験をした介助者の感情に、利用者の感情や言葉が引き出されるかもしれません。

先ほどの雷は
恐かったですね…
ゴロゴロ
実は雷
苦手で…

意識してみよう！

日常の体験と、それに伴う感情を共有する。

55

使いたい言葉 55

できそうな感じがしませんか？

**動いてもらう以前に、
できそうなイメージを確認する。**

生活動作は身体で覚えた記憶です。そのやり方を言葉で説明しようとすると意外にもむずかしいことがわかります。たとえば「Ｙシャツの着方を説明してください」と言われたとします。おそらく、最初に何を説明すればよいのかさえ出てこないですし、それが出てこなければ説明のしようもありません。しかし、説明はできないのに、実際に着始めるともちろんＹシャツを着ることができます。つまり、動作の記憶とは、漠然としたイメージ（感じ）でしかないものであり、手順書どおりに練習すればよいというものではありません。

身体で覚えたことは忘れませんから、できる、できないというその結果とは別に、少なくともそのイメージ（感じ）は残っている場合がほとんどです。しかし、やらなくなっている動作については自信が揺らいでいます。したがって「**できそうな感じがしませんか？**」と、まずそのイメージ（感じ）があることを確認するとよいと思います。できなくてもよいですし、実際にやってくださいと要求されたわけではありませんので、利用者にとっては受け入れやすい声かけになります。「できそうな感じはある」と返答する人は、実はとても多いです。そう言われたら、介助者の返答は一つしかありません。「どうぞやってみてください」です（言葉59、p126参照）。自信をもってやっていただくために“あなたが感じていることは間違っていませんから”と期待すればよいのです。

歩けそうな感じはしませんか？
しますっ

やってみよう！

できそうな感じがあるのならやってもらう。

56

使いたい言葉 56

○○する力は十分にありますよ

動きを促すだけではなく、その力があることを伝えて自信をもってもらう。

病気による症状や骨折などのけがによって、生活動作の一部が一人ではできなくなる時期があります。言い換えると、その生活動作を一人では“やらない”時期のことです。症状やけがが改善すれば、もとの生活に少しずつ戻るのが「ふつう」と考えれば“やらない”ことによる影響について気にすることはないのかもしれません。

しかし、身体機能の高いスポーツ選手でも、少しのブランクがパフォーマンスの感覚や競技への自信を低下させるものです。高齢者の場合、体調がすぐれず車いすを何日か利用しただけでも、立つことや歩くことに消極的になる人がいます。あるいは骨折の治療後に、医師からは動くことに制限がないと伝えられていながら、以前とくらべて圧倒的に活動する量が減ってしまっている人も多いと思います。数日で、動作ができなくなるほど身体機能が衰えてしまうことは考えにくいですし、医師の診断が間違っているわけでもないでしょう。つまり、“やらない”という状況は、介助者が想像する以上に、利用者の自信を揺るがすものであると理解するべきだと思います。

したがって「**〇〇する力は十分にありますよ**」などと声をかけて、利用者に自信をもってもらう必要があります。それは、介助者が利用者の力を信用していなければ出てこない言葉です。動きを促すだけで、利用者と一緒に不安になっていてはいけません。利用者に、その力があることをきちんと伝えられるのも介助の技術です。

歩く力は
十分にありますよ！
そ…そう？じゃあ
ちょっとやってみようかしら…

やってみよう！

利用者の力を信用して、できることを伝える。

57

使いたい言葉 57

できますよね

“できて当たり前”を前提として接する。

認知症がよい例ですが、手足が動かないわけではないにもかかわらず自分で起き上がれない、立ち上がれないなど、心身機能に見合わない生活になっている人がいます。「自立」とはいかないまでも、いわゆる全介助を必要とするような人でもなさそうなのに、なぜか「全介助」をしてしまっている介助者も多いと思います。

何となく介助するのが当たり前になっていると、そのことに疑問を感じなくなってしまいます。身体は動くのですから、できることはたくさんあります。しかし、本人にやってもらおうとし過ぎると、指示的な態度になってしまったり、お願いする形で伝えても言葉数が増えてしまい、利用者にとってかえって動き出しにくい状況にしてしまったりします。

利用者の状態に応じてできそうなことや、できていて当たり前のことは、それを前提として接してみるとよいと思います。

「**できますよね**」「**やれますよね**」と言って、利用者を信用するだけです。こちらが信用するから「できるに決まっているよ」と利用者のプライドをくすぐることができます。できるだろうか？　やってくれるだろうか？　と介助者が疑うから、利用者も自分の能力を疑うのです。できることがわかっているのについ介助してしまうと、いつの間にかそれは、利用者の「できないこと」として認識されるようになってしまいます。利用者がやらないのではなく、介助者がさせなくしているのです。そして、その動作は、本当にできなくなってしまいます。この悪循環を断ち切るために、できていて当たり前のことは、それを前提に利用者と接してみてください。

起き上がれますよねっ！
もっ、もちろんよ！
むくっ

意識してみよう！

できていて当たり前のことは疑わない。

58

使いたい言葉 58

○○しようとしてくれていますね

動き出しだけではなく、
動き出しの先まで信用する。

利用者の動作にかかわるとき、わずかでも動き出しがあることを、とにかく最後まで信用していなければなりません。繰り返しになりますが、身体で覚えたことは忘れませんから、わずかでも、動き出しは必ずあります。万が一、利用者から動き出しが開始されなくても、介助者の提供する「きっかけ」次第では、途中からでも本人の動きが加わることは可能です。

しかし、動き出しがあるものとして信用していなければ、それに気づくことはできません。何より、信用していない介助者の前では、利用者に動き出す隙間は生まれません。なぜなら「動き出しの存在を信用しない」という無意識な思いと、介助の手が先に出るという無意識の行為は同義だからです。その結果“待てない”と表現される介助になってしまうのです。

動き出しがあることで介助に協力的だ、介助が楽になるなど、単に介助者都合の解釈をすれば、そこに重要な意味を感じなくなるのかもしれません。しかし、動き出しは利用者が身体で覚えた動作の一コマの表れと見ることができれば、そのわずかな動きの先に本人の動作を想像することもできるはずです。したがって「**○○しようとしてくれていますね**」と動き出しの先まで信用する声かけは、そのつもりで動き出している利用者には、これでよかったのだと自信をもって動くことを可能にしますし、同時に安心を与える言葉になると思います。そして、次の機会に動き出してもらうハードルが少し下げられます。

わかってくれている
なぁ…
起き上がろうと
してくれていますね

やってみよう！

動き出しの先に本人の動作を想像する。

59

使いたい言葉 59

どうぞやってみてください

動くことに許可を求めるような状況にせず、躊躇なく動いてもらう。

「やっていいのか？」。立ち上がる、歩く、トイレでズボンや下着を下げる、靴をはくといった場面で、病院や他の施設から移ってきたばかりの利用者からよく聞かれる言葉です。これらの動作は、転倒や転落のリスクが多少なりともありますが、介助者がいる場面で、しかも心身の状況からはまったく問題ないと思われるようなときにも耳にします。

「やっていいのか？」という言葉の意味するところは重大であると思います。つまり、動くことに許可を求めるような状況があるという事実です。もちろん、転倒や症状増悪のリスクから動作の可否を管理される必要性については否定しません。しかし、その必要がないときでさえも「やっていいのか？」と自分の動作なのに実施の判断を介助者に委ねてしまっているのです。私たちは、できそうだと感じることには躊躇（ちゅうちょ）なく動けますし、また失敗も少ないのではないでしょうか。しかし、できるかどうか不安なとき、するかしないか判断に迷うようなことに身体は自由に動いてくれませんし、もちろん、うまくいかない可能性も高いはずです。

　利用者が動き始めたときに、介助者の準備ができておらず、「ちょっと待っていてください」と、その動きを止めてしまうことはありませんか。その後に、あらためて動いてもらおうとしても、もうその動きはみられないことが多いはずです。躊躇なく動き始めたときは、それができるときです。したがって、介助者に必要な姿勢は「**どうぞやってみてください**」と、少なくとも動き出しを制止しないことです。

びくっ
ちょっと
待ってくださいっ!!
さぁ、もう一度どうぞ
どうするんだっけ??

意識してみよう！

躊躇なく動き出したときは制止しない。

60

使いたい言葉 60

きっとできますよ

**できることは疑わずに、
確信の言葉で後押しする。**

利用者との日々のかかわりを通して、私たちはできること、できないこと、していること、していないこと、してはいるけれどしなくなりつつあること、してはいないけれど本当はできることなど、さまざまな姿にふれ、また、どれも利用者の姿として理解しています。長く今の生活を維持してもらうためにも、していることは、いつもしてもらえるようかかわりたいものです。

一方、本当はできるとわかっていることについて、見ないふり（わかっていないふり）で片づけてしまうのは、利用者の能力を介助者が信用していないことの表れなのだと思います。もちろん、できること、していることも、日によって、時間や状況によってできないときもあります。また、かかわりの浅い時期には、「私の言葉を受け入れてくれるだろうか」「していただけるだろうか」と介助者にも不安があるのも当然です。人間関係は写し鏡のように、介助者が信用しなければ利用者も介助者を信用しません。また、介助者の不安は、そのまま利用者の不安となりますから、介助者のかかわりによっていくらでも利用者を「できない人」にさせてしまいます。

できるとわかっていること、してはいないけれど本当はできることについては、**「きっとできますよ」**と介助者が疑わずにいることが大切です。「尋ねる」「伺う」「依頼する」言葉も大切ですが、利用者の動き出しを後押しするためには、できると期待し、信用している必要があります。

意識してみよう！

本当はできるとわかっていることについて、見ないふりをしない。

コラム

使ってはいけない言葉④「危ない」

日常生活はさまざまな危険と隣り合わせです。だからといって一つひとつの動作を常に慎重に行っているわけではなく、躊躇(ちゅうちょ)なく動いていることがほとんどです。つまり、躊躇なく動いているときは、本人にとって安全は保証されている、能力に見合っていると判断できそうです。しかし、高齢者が躊躇なく思わぬ動きをしていると、「危ない」と言ってしまいがちです。人間ですから、ときに失敗するのは誰もが一緒です。躊躇ない動きには、信用して見守る姿勢が必要です。もちろん安全な範囲で、ですが。

第 6 章
変化に気づき、認める

私たちは言葉を介さずとも、心が通うコミュニケーションをたくさん経験しています。ちょっとした表情や声の変化、しぐさに癒されたり、傷ついたりします。相手から何とかそれを見つけようとし、表情や言葉で一生懸命返信しようとします。わずかな表情の変化や言葉にならない声といった、それだけではコミュニケーションが成立しないようなものが大切であるということです。表情や声と同様に、わずかな身体の動き出しに気づくことができれば、利用者からの、さらに多くの発信を受け止めることができます。

61

使いたい言葉 61

私の顔を
見てくれていますね

言葉だけではなく、
顔と顔でコミュニケーションする。

いわゆる「寝たきり」で身体の動きが少ないという理由だけで、意思の表出や理解力まで乏しいと、介助者が誤解してかかわっている場面を見かけます。つまり「尋ねる」「伺う」「依頼する」というかかわりがおざなりになっている場面です。理解しているかどうかわからないのであれば、理解している前提でコミュニケーションを図ればよいのですが（第5章2参照）、少なくとも相手が理解してくれているかどうかを推し量るには、顔を見てくれているかどうかは重要です。お互いに顔も見合っていないなかで介助を始めているのに、「介助に応じてくれない」「言ったことが伝わらない」などと利用者の理解に問題があるかのごとく解釈するという悲しい事態になってしまうこともあります。

一方、目線が合ったうえでの介助では、利用者が抵抗したり、身体を突っ張ったりする反応は少なくなります。顔を見るということが、お互いを認め合う基盤になる行為であることがわかります。したがって、時間をかけて、時にはいったん介助を仕切り直してでも目線が合うという過程を大切にしたいものです。その後の声かけに対する理解や応じる動きが変わるからです。

介助者による「尋ねる」「伺う」「依頼する」というかかわりに、言葉や動きで十分な反応ができない利用者に対して、「**私の顔を見てくれていますね**」と関係が結ばれたことを言葉で認める、それがどんなに安心をもたらすでしょうか。顔を見てもらうこと、目線が合うことに時間をかけるのは大きな意味があります。

やってみよう！

顔を見てもらうこと、目線が合うことに時間をかける。

62

使いたい言葉 62

目もしっかり開いていますね

動作の改善だけではなく、自分で動くことの効果を顔つきの違いで伝える。

「動き出しは本人から」の実践で、多く聞かれる利用者の変化があります。起き上がることができた、立ち上がることができた、歩行ができたなど、動作が改善するということではありません。それは“顔つきの変化”です。「最近、顔つきが違う」「表情がよくなった」「目がぱっちり開いている」など顔の変化に気づき、むしろ動作の改善よりも喜んでいる介助者が多いように思います。それだけ顔は、その人を印象づける、変化を感じ取りやすい大切な身体部位なのでしょう。

わずかでも自分から動き出すということは、さまざまな感覚が刺激されて覚醒のレベルが上がる方向へ影響するでしょうし、危険や不安な気もちに打ち勝ちつつ、何かを達成するのは交感神経を興奮させ、生理的にも瞳を大きくします。大きな瞳には人を惹きつける力があります。印象に残りやすいのだそうです。印象に残る人とはコミュニケーションは増えるでしょうから、「動き出しは本人から」による“顔の変化”によって、自然と利用者に対する関心やコミュニケーションの量が増えて利用者との関係も深められると思います。

「**（自分で動いているから）目もしっかり開いていますね**」と、自分で動くと顔つきまでよくなっていることを伝えるとよいと思います。顔に向けられる他者からの関心に気づくと、必然的に自尊心も高まるものと思います。したがって、ますます自分から動き出す機会が増えることが期待できます。

最近は、目もしっかり
開いていますね

やってみよう！

利用者の顔にも関心を向ける。

63

使いたい言葉 63

いい表情になっていますよ

動作の改善だけではなく、表情の変化に対してもポジティブにフィードバックする。

他者から見られているという状況は、自尊心を高めるものだと思います。スポーツでも観客や応援があるのとないのとでは、もたらされる結果や競技中のパフォーマンスに影響します。日常生活においても、私たちは見られているという意識が働くだけで、歩き方や話し方、姿勢、あるいは着るもの、髪型や化粧まで、ありとあらゆるところに神経を張りめぐらせます。逆に、見られているという意識が低いときに、それらをなおざりにします。つまり、見られているという意識が低いときほど、“できるけれどあえてやらない”状況になってしまいやすいといえます。

施設での生活に当てはめてみても同じではないでしょうか。生活の場ですから四六時中、他者から見られているのはストレスですが、それがあまりに少なければ“できるけれどあえてやらない”という状況になってしまう可能性が高まるように思います。年齢にかかわらず、人に会わない日曜日は着替えずに、ベッドの上で一日過ごすというのは、特に異常というほどではないと思います。したがって、動くための要素として、他者から見られているという意識をもつことが大切です。たまに来る友人や家族の前では、しゃきっとし、よそ行きのパフォーマンスを発揮する利用者が少なくないことは、介護に携わる多くの人が経験していると思います。

「あなたは見られています」というサインを出す意味でも、「**いい表情になっていますよ**」など、顔に対してポジティブなフィードバックをすることは、利用者に秘められた能力を引き出す効果につながります。

やってみよう！

「あなたは見られています」というサインを出す。

64

使いたい言葉 64

やろうとしている気もちは伝わりますよ

“意思の疎通がむずかしい人”としてしまわずに、動き出しから意思を察する。

身体は思うように動かせなくても意思はしっかりと表出する利用者に対して、介助者が先に手を出すような介助はしないと思います。本人の意思をくみ、どう介助すればよいのか確認しながら進めるはずです。一方、意思の表出が少ない人、わかりにくい人へは、介助者が主体となって、先に手が出てしまいやすいのではないでしょうか。私たちは無意識に、言葉や表情の明らかな変化、ジェスチャーなどしっかりと目に見えるものを相手の意思として、感じ取っているのかもしれません。

しかし、意思を言葉や身体の動きとして発信できない人、発信することがむずかしい人もたくさんいます。意思はいつでも、誰にでもあるものです。したがって、意思があるものとしてかかわるのはもちろんのことですが、意思がどこに、どのように表れるのか、そこに気づくことが大切です。コミュニケーションは常に双方向であり、相手の発信を受け止め、自分も発信するものだからです。

身体に重度の障害がある人の家族は、本人の動きがどれだけ小さくても、それをさまざまな気分の表れとして解釈することを学んできたとされます[2)]。つまり、意思はあるものとして、見ようとすれば見えると教えてくれます。どんなに小さな動き出しであっても「**やろうとしている気もちは伝わりますよ**」と、その動き出しと、背景にある意思を認めてかかわるのが双方向のコミュニケーションだといえます。

意識してみよう！

意思はあるものとして見ようとする。

65

使いたい言葉 65

動いていただいているのがわかります

**動きがないと決めつけず、
わずかな変化に気づいて認める。**

あるものとして見るのか、ないものとして見るのかによって、見える景色は変わります。「間違い探しゲーム」なども、「ある」という前提で探すから違いが見えますが、「違いはない」という説明があれば、おそらく同じものにしか見えないでしょう。利用者に「動き出し」があるかないかは、利用者にしかわからないことです。したがって、介助者がとるべき態度は、「動き出し」はあるものとして見ようとすることです。見ようとしていない人には見えないからです。

仕事などで、明らかな成果が上げられていないときに、取り組みの過程まで認められずに切り捨てられてしまったらどう感じるでしょうか。介助者が「尋ねる」「伺う」「依頼する」のは、利用者に期待し、信用するからなのだと思います。介助の場面で利用者に意味のない動きなどありません。したがって、わずかな動きであっても「**動いていただいているのがわかりま**

す」と伝えます。それは、「私は気づいていますよ」と、取り組みの過程を認めるのと同じだと思います。たとえば、全介助のような状況で立ってもらうときでも、「**ご自分の足で踏ん張れていましたよ**」と、介助者の気づきを言葉で伝えるだけでもよいのです。何か目に見える達成には、認められるという小さな自信の積み重ねが必要であることは、介助においても変わりありません。

やってみよう！

見ようとして見る。

66

使いたい言葉 66

それでいいですよ

否定の言葉を使わず、とにかく肯定する。

介助の場面で手すりにつかまってもらったり、介助者につかまってもらうようなときに、「そこではなく、ここにつかまってください」と利用者に指示をしている場面がみられます。「そこではなく」という言葉には、介助者側に何かルールがあり、そのルールから、利用者の動きが外れていることを伝える言葉です。もちろん、むやみに動きを押しつけているのではなく、安全や動きやすさを考えてのことだと思います。しかし、生活動作にルールなどありません。同じ環境で同じ動作をするときでも状況次第で微妙に変化するものです。

たとえば、電車のつり革やエスカレーターの手すりに、あらかじめつかまる位置が決められているとすればどうでしょうか。動きにくくて仕方ありません。つり革につかまろうとする「動き出し」が先にあって、つかむ位置はたまたまの結果にすぎません。生活動作も同じです。どう動くかは、何かルールに則っているわけではなく、どこがどう動き出すか、また、その後どう動くかによらず、目的は果たされます。

したがって、本人の動き出しや、動き方はすべて正しいものとしてかかわります。正しいことをしているのですから、利用者の動き出しに対して「**それでいいですよ**」「**うまくいっています**」とすべて肯定すればよいのです。介助量が多い場合でも、肯定されることで利用者が動作を主体的に行っていると感じることができます。したがって、余計に身体を強張らせるなど、介助をむずかしくさせる事態を未然に回避できます。

端から 12cm のところを
左手でつかみ…
え～!?
えーと…
ルールブック

やってみよう！

利用者の動きはすべて正しいものとしてかかわる。

67

使いたい言葉 67

顔つきが変わりましたね

身体の動き出しだけではなく、しようとする意思を表情の変化で認める。

道ゆく他者に違和感をもたずにいられるのは、自分も含めて「顔」があるからではないでしょうか。それぞれの顔に表情があり、自分と同じように個性や意思があると感じられるからなのだと思います。逆に、目の前の人の表情が乏しい、あるいは表情の変化を感じ取りにくいときには、違和感や根拠のない恐ろしさを感じるなど、相手を誤解してしまう可能性もあります。

寝たきりのようでいても、キョロキョロと周囲に関心を向けることができる利用者からは、秘められた能力を感じとることができます。目だけではなく、何か言おうとする口元の動きがみられる人もいます。それらの小さな主体的な行為は、表情の変化となって表れています。したがって「**顔つきが変わりましたね**」という声かけは、利用者の意思を認める大切なものです。

「いい顔になっている」と言われていやな気分になる人はい

ないと思います。それは、単なる顔の良し悪しではなく、自分がやっていることの事実や結果、その思いや努力のような気もちの面まで含めた評価ととらえられるものだからではないでしょうか。動きには表れなくとも、しようとする意思は、少なくとも本人だけはわかっていることです。表情の変化からそれをくみ取り、伝えることでどんなに本人が勇気づけられるか、そう考えると顔の変化に関心をもてるようになります。

もう少し
歩いてみよう！
顔つきが
変わりましたね！

やってみよう！

顔の変化に関心をもつ。

68

使いたい言葉 68

顔が引きしまって見えますよ

離床することは、心身機能だけではなく、表情にも影響を与える。

テレビドラマなどで、病人役の俳優さんがベッドで臥床（がしょう）しているシーンがあります。もちろん演技ではあるのですが、それをふまえたとしても「病人」として見るには違和感があります。病院や施設などで臥床時間が長くなっている人に抱く顔の印象というのはどこからくるのでしょうか。

おそらく臥床の影響により、顔の筋肉が重力の影響で弛緩（しかん）するのも一つの要因になっているように思います。短時間でつくられるメイクや演技では表せない、臥床による顔の印象の変化です。顔の筋肉が弛緩した状態では、表情もつくられにくいでしょうから、ますます「病人」としての印象をもたれてしまいます。離床することの大切さは、心身機能への影響はもちろんですが、顔の印象が変わることにもあるように感じています。

実際、長く臥床している人が、離床し、車いすなどに座ったときに「ずいぶん、顔が違いますね」と周囲から言われる場面を目にします。重力に引かれていた顔の筋肉が、重力に抗い、働き始めるので表情は変わるのです。もちろん、本人の「動き出し」があって離床した場合では、さらに表情がよくなります。印象の変化は、かかわる側の態度にも影響します。つまり、こんなに顔が違うのなら、なるべく離床してもらう機会をつくりたいと前向きなものになります。

起きるだけで顔の印象は変わります。そのときの顔の印象を大切にするだけでも介助者のかかわりが変化します。離床による心身の変化を実感するまでは時間がかかると思いますが、**「顔が引きしまって見えますよ」**と、すぐに表れる変化を利用者に伝えるとよいと思います。

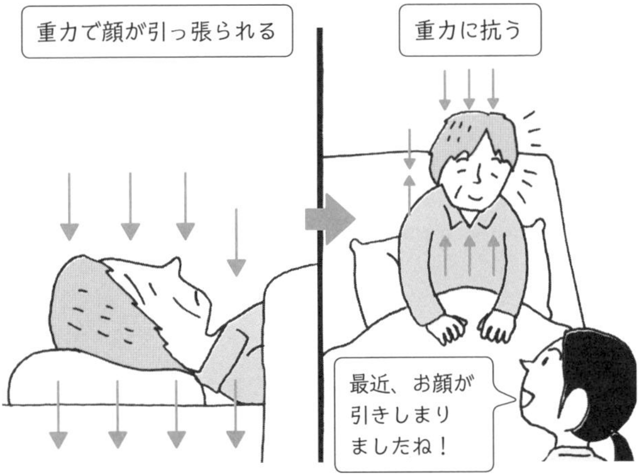
重力で顔が引っ張られる
重力に抗う
最近、お顔が引きしまりましたね！

意識してみよう！

起き上がった後の顔の印象を大切にする。

69

使いたい言葉 69

若いころのお顔が想像できます

身体で覚えたことは動きだけでなく、顔つきも変わらない。

身体で覚えたことを忘れないのは、何も生活動作に限ったことではありません。仕事や家事、趣味のような活動にも当てはまります。たとえば父親が仕事をしている姿や母親が台所で調理をしている姿などは、子どもから見れば後ろ姿からでも自分の親を判別できると思います。同様に、親からすれば遊んでいる自分の子どもの姿は、顔は見えなくても間違いようがありません。そのくらい、身体に染みついた動きは、その人を表す特有のものだといえます。

では、そのときの顔はどうでしょうか。おそらく何かを行っているときの顔つきも、その人に特有のものがあると思います。昔の写真などを見て「こういう顔をよくしていた」「○○さんらしい顔をしている」と思い出にふけることもあると思います。身体で覚えたことを行うときは、顔つきもセットで表現されるものなのだと思います。ものまね芸人さんがする「顔まね」だけでも楽しめるのは、表情がその人の動きや話し方まで想像させるものだからなのでしょう。

介助の場面で、利用者の動き出しがあり、何か動作が果たされるとき、その顔はその動作を自分で行っていた1年前、5年前、あるいはもっと前の顔に戻っています。その顔を通じて、本人の本当の姿に近づけるのかもしれません。「動き出しは本人から」による利用者の顔つきの変化に対して、「**若いころのお顔が想像できます**」という声かけは、決していい加減な表現ではありません。その変化は、より身近な存在である家族によって気づかれることも多いからです。

意識してみよう!

自ら動き出した動作では、
顔つきも変化し、本当の姿に近づく。

70

使いたい言葉 70

何か用事は
ありますか？

唐突なコミュニケーションではなく、
表情からタイミングをはかる。

利用者とのコミュニケーションをはかるタイミングがむずかしいと感じている人も多いと思います。第3章で「伺う」という姿勢について、「目上の相手やお客に対して使われることが多い」と述べました。レストランなどで店員が注文を聞きにくるのは、お客が声をかけたり、手を挙げたりして知らせるなど、タイミングが明らかな場合もあれば、メニューから顔を上げたときやメニューを閉じたときなど、絶妙なタイミングで来てくれる人もいます。お客が気もちよく過ごせるよう気にかけてくれていると感じる、気もちのよいコミュニケーションの瞬間だと思います。一方で、お客のサインに気づかず、悪いタイミングで来られると、かえって互いに気を遣うことにもなりかねません。

伺う姿勢は大切ですが、そのタイミング次第では、コミュニケーションに影響するものだと思います。利用者の発するサインは、明らかではないものや長く付き合うなかで気づけるようになるものなどさまざまですが、タイミングの悪い「お伺い」にはしたくありません。介助者に向けられる小さな表情の変化に気づいて「**何か用事はありますか？**」「**どうされましたか？**」と声をかければ、レストランの店員と同様に絶妙なタイミングでのお伺いになるのかもしれません。

表情からコミュニケーションのタイミングをはかるのは、変化に気づいて、それを認めることがきっかけとなりますから、利用者も違和感をもたずに応じられるのではないでしょうか。

よしっ
決めたっ！
はやい！
ご注文は
お決まりですか？
MENU

意識してみよう！

**表情の変化に気づいて、
コミュニケーションのきっかけにする。**

71

使いたい言葉 71

お呼びですか？

イエス、ノーで答えられる聞き方だけでなく、自由に答えられる聞き方も使う。

お客相手のコミュニケーションでは、店員がお客の訴えをある程度、先回りして伺うことがあると思います。飲食店で「お水のおかわりはいかがですか」と声をかけられるような場面です。前項では、表情からコミュニケーションのタイミングをはかることについてふれましたが、訴えのサインがわかりにくい利用者や訴えの少ない利用者もいます。

したがって「トイレに行っておきますか？」などと、あえて介助者から伺うことが、利用者が自分自身の状態と向き合い、自ら訴えを発信するきっかけにもなると述べました（第3章1参照）。具体的で、かつイエスかノーで答えられる伺い方（閉じた質問）は、訴えの少ない利用者に適したものではあります。しかし「トイレに行っておきますか？」など、何度も同じことを先回りされるのも気分のよいものではないでしょう。そこで、やや抽象的ですが、自由に答えられる伺い方（開いた質問）にしてみるのも一つの方法だと思います。「**お呼びですか？**」と、何か感じたときに、介助者から水を向けるような声かけが有効な場合もあります。何より、答え方は自由ですから、特に介助者に対して用事はなくても、そこからコミュニケーションを発展させられるかもしれません。

「尋ねる」「伺う」は、利用者の思考が働きやすいコミュニケーションですが、自由に答えられる伺い方のほうが、よい意味で思考を刺激する効果もあると思います。

お呼びでしたか？
ちょうど
よかったわ
ちょっと
お願いが

意識してみよう！

何か感じたときには介助者から水を向ける。

72

使いたい言葉 72

視線を感じましたので…

脈絡なく伺うのではなく、何か感じたことをきっかけにする。

「お呼びでしたか？」と声をかけることによって、コミュニケーションが発展するとしても、まったく脈絡なく伺うのは失礼ですから、あくまで何かを感じたときの手段の一つとなります。では、利用者からの何を感じとっているのでしょうか。

たとえば､10人程度のユニットで介助者が順番に一人ずつコミュニケーションをとるようなことはしていないと思います。利用者からの明らかな訴えや、ちょっとした動きや表情の変化に気づいて声をかけています。そのような意識できるきっかけがあってコミュニケーションが開始される場合もありますが、多くの場合は、明らかな訴えや用事があるわけはなく、どちらからともなく何となく近寄っている、そして後づけに何か訴えがある、あるいは後から理由がわかるというものではないかと思います。

後ろからでも視線を感じるというエピソードはよく聞きます

が、少なくとも視線を感じるという経験をしている人は多いと思います。それが視線なのか、別のものなのかは置いておいて、実際に、意識せず距離を縮め、コミュニケーションが開始されているということは、思いを感じとる何かは存在するのかもしれません。何かはわからないですし、気になる人に視線を送ってしまうのは事実でしょうから「**視線を感じましたので…**」という声かけをきっかけにしてもよいと思います。

日常的に使う表現ではありませんから、わざわざ使わなくてもよい言葉かもしれませんが、視線に気づいている、視線を向けたことを認める声かけによって、相手に関心があることを伝えられると思います。

意識してみよう！

視線に気づいて、関心があることを伝える。

コラム

「動き出し」を認められない人の他者とのつながり

表情をつくることができないメビウス症候群の人のことを紹介した本に「様々な動きを表現できないことで、人々は私を受動的なものとして扱ってしまう[3]」、さらに「顔が動かないということはまた、感情を少しずつはき出させることをできなくしてしまうことでもあった[4]」という記述があります。表情も小さな動き出しです。介助の必要な人にそのまま置き換えてみると、「様々な動きを表現できないことで、人々は私を受動的なものとして扱ってしまう」「動き出しを認めてもらえないということは、感情を少しずつはき出させることをできなくしてしまうことでもあった」となります。小さな動き出しを認めることのできる介護を実践したいものです。

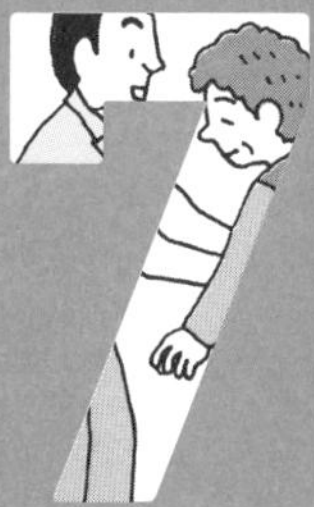

第 7 章 ゆっくりふれる、そっと支える

身体による表現はパフォーマンスなどといわれ、身体の動きには何かを伝える力があり、そこにその人の意思や感情を感じることができるものです。生きている限り身体表現がなくなることはありません。しかし、それはあくまでその人の心身の状態に応じたゆっくりとした時間と安心が保証された環境のなかで発揮されるものです。いつもより、ゆっくり、そっとかかわることを意識するだけで利用者の発信に気づくことができます。その気づきに応じた身体と身体のコミュニケーションが生まれます。

73

使いたい言葉（身体表現）73

見つめる

利用者から見てもらうだけではなく、介助者からも見つめる。

遠くからでも視線が合うと感じることがある一方で、お互いの視線がそれることがないくらい顔が間近にあっても、視線が合っていると感じられないこともあります。あるいは、必ずしも視線を交わさなくてもコミュニケーションが成立する場合もあります。つまり、物理的距離を近づけるとか、おざなりに視線を合わせることが大切なのではありません。お互いの存在に気づき、その場を共有していると感じられているから、コミュニケーションが立ち上がるものなのだと思います。

つまり、視線が合っていると感じられないときには、介助者の言葉や介助の意図は届かず、利用者は抵抗したり、声を荒げるなどの「誤反応」をしてしまうのではないでしょうか。人と人の関係ですから、相手の存在に気づき、その場が共有されていると感じられるときに、そのような誤反応をされることは少ないはずです。

「動き出しは本人から」が大切であると考えますと、利用者から見てもらうのがよいと思いますが、身体状況や認知機能の関係からむずかしい人もいます。焦らずに利用者のことを見つめていると、利用者が介助者の存在に気づいたと思われる瞬間に出会うことがあります。多くの介助者が経験している感覚だと思いますが、「視線が合う」などと、簡単には表現できないものです。利用者と介助者の二人だけに共有される感覚でしょう。

言葉は時に過剰な情報となって利用者を混乱させます。「**見つめる**」ことは、「**目で語る**」くらいの意味でとらえてよいのではないかと思います。

やってみよう！

気づいてもらうために見つめる。

74

使いたい言葉（身体表現）74

うなずく

**介助者の存在に気づいてもらえたら、
すぐに介助を始めるのではなく、
うなずいて同意を伝える。**

見つめることで、介助者の存在に気づいてもらえたと感じるのは、少しだけ瞳孔が開いて表情が変わった、わずかながらうなずいたという感覚をもつからなのではないかと思います。そんなときには、自分も目を見開く、うなずき返すというように、利用者と同じ動きをするとよいでしょう。

ミラーリングといわれる、相手と同じ行動を取ることで親近感を抱かせるための心理学的な手法があります。赤ちゃんと母親の関係や、親しい者同士では自然にやっているでしょうから、介護の場面でも無意識に使っているかもしれません。特に言葉や動きで十分な反応ができない利用者が発信するサインに対して、「あ、どうも」という程度ですが、同じ動きで返すことによって、介助者とつながった感覚をもってもらえるのではないかと思います。また、「**うなずく**」には、承諾や同意の気もちを表す意味がありますので、利用者に何か反応を感じたときにうなずいてみるだけでも、認められた、肯定されたという安心感をもってもらえるでしょう。

したがって「待つということがむずかしい…」という介助者は、「**うなずく**」というワンクッションを置いてみるとよいと思います。「待たされる」のではなく、“利用者の動き出しに気づくための隙間”ができます。

やってみよう！

ミラーリングをしてみる。

75

表情を変える

受け入れられた刺激だけではなく、
小さな刺激の変化を大切にする。

介助量が多い利用者のなかには、言葉や動きで十分な反応ができないだけではなく、ふれるだけでも身体を強張らせる、大きな声が出てしまうなど、介助に伴う刺激を受け入れることがむずかしい人もいます。私たちの身体は、刺激によってさまざまな感覚が働きます。自分で見る、聞く、動くなども含めて刺激がなければ感じることはむずかしいですし、同じ刺激が続くと、感じにくくなります（慣れといいます）。したがって、刺激の少ない状態、動かない状態に慣れてしまっている人は、急に大きく身体を動かされることを受け入れられずに抵抗します。つまり、身体は無意識にそこにとどまろうと抵抗するのです。

そこで介助では、利用者に受け入れてもらえる小さな刺激から開始するのが望ましいといえます。前項の「見つめる」「うなずく」も小さな刺激の一つとなるでしょう。しかし、感覚には必ず“慣れ”が生じますから、せっかく、うなずくなどの反応が得られても、慣れにより刺激がなくなれば、反応しない人に戻ってしまいます。私たちの身体が刺激を感じるには、刺激の有無だけではなく落差が必要です。大音量のコンサートホールでも、最初は巨大に感じる音が、同じように続くことでそう大きくは感じなくなります。一方、静かな部屋では、小さな虫の羽音にも気づくことができます。

利用者の反応を感じたら、**微笑むなど少し表情を変えてみます**。そんな小さな刺激の変化を大切にしましょう。動けないからといって、急に大きく動かされるのであれば、刺激こそ大きいですが、何をされているのか利用者に伝わりません。小さい刺激をそっと変化させることで、介助者へ意識が向き続けますから、何をされているのかを感じることができるのです。

やってみよう！

小さな刺激から開始し、そっと刺激を変化させる。

76

使いたい言葉（身体表現）76

手を広げる

利用者の動きを介助で先取りせずに、ボディランゲージで動き出しを誘う。

「利用者が動き出すまで待つ」「できることはなるべく手を出さない」など、わかっていても、時間や人員体制の制約などを理由に、その当たり前のことができなかったり、やらなかったりする状況は、介護現場には山ほどあります。おそらく、何かが解消されればできるというような簡単なものではないのだと思います。介助は、利用者の求めに応じて、必要に迫られて行っているという思いがあるからです。つまり、利用者のためなのだから、わかってはいるけれど仕方ないという言い訳が成り立ちやすいのです。

もちろん、何でもかんでも「手出しするな」「待ちなさい」といいたいのではありません。まずは、動き出しを誘ってみるのもよいと思います。ふだんの生活でも、重たい腰を上げるきっかけは、自分の気力もさることながら、誰かの誘い、後押しであるような場合も当然あります。ただし、言葉での誘いを重ねても、時に相手の気もちにふたをしてしまいかねません。そんなときは、身体から発せられる言葉もあると思います。静かに**手を広げて「さあ、どうぞ」**というメッセージを送ってみるのもよいと思います。何秒もかからないその誘いによって、少しでも利用者の動き出しがみられるのであれば、その後の介助はずいぶんと違ったものになるのがわかります。

介助の手が先に出てしまうのは、利用者に対する忖度(そんたく)のようなものではないでしょうか。「与えられていない命令を先取りする[5)]」ことで、実は介助者が満足しているだけなのかもしれません。

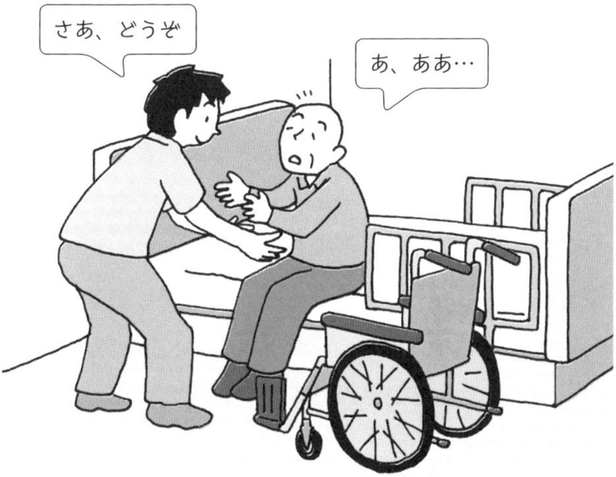

やってみよう！

ただ待つのではなく、誘う。

77

使いたい言葉（身体表現）77

一歩引く

**ただ立っているのではなく、
動いてほしい方向へ介助者も動く。**

利用者の動く方向に介助者が立っていることがあります。「人」ですが、動きがなければ壁と同じです。その壁をどう認識しているかは、利用者本人にしかわかりません。安全を守る緩衝作用がある盾に見えるのか、動きを抑制し邪魔をする壁に見えるのかは、介助者の振る舞いにかかっています。

動作は、それがたとえわずかなものであっても、相手に影響を与えます。電車で隣の人が少しお尻を横へずらしてくると、自分も同じ方向へ少し動いてスペースを確保します。二人が逃げたり追いかけたりするツインダンスでは、逃げることで、または追いかけることで相手の動きが引き出されるかのごとくシンクロします。

介助の場面でも、利用者の動き出しのタイミングで介助者が「**一歩引く**」と、その方向に利用者の動きが広がりやすいことがあります。つまり、介助者が引いた分だけ隙間ができ、その分、利用者は動くことができるという二人の間の関係づくりだと思います。まさに、身体と身体との間に起こるコミュニケーションです。単純なことですが、押してきたなら引いてみる、というような相互関係が介助であり、それこそがコミュニケーションだと思います。

初対面でも、介助者の経験が浅くても利用者との関係づくりは待ってくれません。「抵抗されるようなら、ゆるめてみる」「大きな声をあげられるようなら、小さな声で応じてみる」「頼ってくるなら、受け止める」など、身体で通じ合うという、信頼関係にとって大切な要素を意識してかかわることは、すぐにでも始められます。

やってみよう！

利用者の動き出しのタイミングで一歩引く。

78

使いたい言葉（身体表現）78

他のことを始める

声をかけた後は、
近くで待たずに、いったん任せる。

朝、「起きなさい！」と声をかけられる経験は誰でもあると思いますが、そんなとき「あなたが起きるまでてこでも動きません」という雰囲気でそばに仁王立ちされると、かえってふとんにこもっていたくなりませんか。介助で起きてもらうのも同じだと思います。

一方、「起きませんか？」と声をかけたときに、目が合い、うなずく、動き出すなどと反応するのは、「わかりました」というサインですから、利用者を信用して、いったん任せるとよいと思います。たとえば、その場を少し離れてみることです。

仕事などでも、つきっきりで後輩をみているのは、「まだ信用していません」と暗に示しているのでしょう。逆に、その場から離れられるのは「信用しています」というメッセージを身体で表現しているのだと思います。自信のないこと、苦手なことを他者から見られていると、さらに動けなくなるのは誰でも同じだと思います。生活動作のような、「できて当たり前」とされる動作であればなおさらでしょう。さりげなくその場を離れるのは、できないことへの恥ずかしさ、情けなさなどの感情に共感する態度といえるのではないかと思います。

利用者に声をかけて、**さりげなく他のことを始める**介助者の姿は自然に見えます。利用者にとって、それは緊張感の少ない状況がつくられるのだと思います。いったん任せてからあらためて声をかけてみると、意外にも少し前とは別な反応がみられることがあるのは、動くためにその場の状況がいかに影響するかを教えてくれます。

やってみよう！

声をかけ、さりげなくその場を離れる。

79

使いたい言葉 79

急がなくていいですよ

急いでいる雰囲気をつくらず、
利用者のタイミングを大切にする。

何か急かされている状況では、気もちは焦る反面、身体は思うように動いてくれないという経験があると思います。利用者を急がせたり、焦らせたりするつもりはなくても、介助者に余裕がない状態では、かける言葉やそのときの立ち居振る舞いにそれが表れてしまっていることもあると思います。コミュニケーションは相手の状況に影響を受けますから、声かけにうまく反応できないのは、介助者がかもし出す雰囲気によって利用者を動けなくさせてしまっていることもあると認識しておく必要があります。余裕のない状態は利用者のせいではありませんから、それをおしころしてかかわりたいものです。

「急がなくていいですよ」というひと言によって、利用者が自分のタイミングで動くことができるのであれば、介助者は「動き出し」に気づく可能性が広がります。介助のタイミングを合わせるのに「いち、にの、さん」というかけ声を使うこともあると思いますが、厳密にいうとそれは声をかけている介助者のタイミングであって、介助者が利用者を動かすものとなってしまいます。

一方、利用者のタイミングで介助が始まることで、利用者の動きに介助者が合わせるものに変わります。つまり、どちらのタイミングで介助が行われるかによって大きな違いがあるのです。利用者のタイミングを大切にするためにも、少なくとも急いでいる雰囲気をつくらずにいたいものです。「**急がなくていいですよ**」というひと言は、介助者が自分に言い聞かせる言葉にもなると思います。

急がなくていいですよ
本当は急いでいるけど…

意識してみよう！

余裕のない雰囲気をおしころしてかかわる。

80

使いたい言葉 80

ゆっくり動きますから安心してください

介助者のスピードではなく、
利用者のスピードでかかわる。

「他者から動かされるのは速く感じる」。これは、「動き出しは本人から」の研修を行うと必ず聞かれる受講者の感想です。健康でいるときに、他者から動かされるという経験は、まずありません。したがって、介助されるとき、何をどのように感じるのか、利用者の身体に起こることを本当の意味でわかっていないことを認める必要があります。動くことと、動かされることは身体の位置が変わるという客観的な変化は同じでも、体験としてはまったく異なるものなのです。

特に高齢者の動きは遅くなります。加えて「他者から動かされるのは速く感じる」のであれば、介助は意識的に、よりゆっくりとしたスピードで行う必要があります。触っただけでも、または少し動かしただけでも身体を強張らせる人がいるという事実は「他者から動かされるという体験が簡単には受け入れがたいもの」であることを示しているように思います。したがって、介助者は「自分が思う“ゆっくり”より、さらに遅いスピードで介助する」くらいの感覚でよいと思います。

利用者は、自分のタイミングで、かつ自分のスピードで動くから、今ある能力が引き出されます。ゆっくり介助するからこそ、利用者に動き出す隙間ができるのです。つまり、動き出しがみられるくらいが、利用者の動きのスピードだと判断すればよいと思います。「**ゆっくり動きますから安心してください**」と、あえて口にして介助することで、利用者の動き出しを期待するとよいでしょう。

このくらいのスピードで
いいんだな…

やってみよう！

自分が思う「ゆっくり」より、
さらに遅いスピードで介助する。

81

使いたい言葉 81

動いているのがわかりますか？

動かすことを目的にせず、利用者が変化を感じられているかに気をくばる。

私たちは自分で動いているとき、手足の位置や身体の向きなどの変化を常に感じることができます。つまり、自分の身体がどこにあり、どうなっているかを感じられるから、いつでも自由に、安心して動けるともいえます。たとえば、車のナビゲーションシステムでは、どんなに正確な地図とナビゲーション（誘導）があっても、スタートの車の位置や向きがずれていれば、目的地にはたどりつけません。

介助も同じように考えることができます。どんなに素晴らしい介助技術（ナビゲーション）があっても、利用者が自分の身体の位置や向きを感じられていなければ、介助というナビゲーションをうまく活用できず、目的とする動作が達成されないと思います。したがって、介助を行ううえで大切なのは、上手に利用者を導くことではなく、介助によって利用者が自分の身体の位置や向きの変化を感じられること、それがわかるくらいのゆっくりとしたスピードで介助することです。手足の位置の変化を言葉で説明するのはむずかしいですから、大雑把にでも「**動いているのがわかりますか？**」と、利用者が変化を感じられているかどうかに気をくばります。それによって、介助のスピードが利用者に適したものかどうか判断できます。利用者が自分の身体の位置の変化を感じられない（恐ろしいと感じる、強張る、抵抗する）のであれば、介助のスピードは調整すべきです。

自分の身体がどこにあり、どうなっているかを感じられるのであれば、そこから介助というナビゲーションを有効に使い、目的に向かって利用者も動き出せる可能性が高まります。

現在地がずれていて、
どっちに行けばいいか
わからない…

意識してみよう！

利用者が変化を感じられるスピードで介助する。

82

使いたい言葉 82

私の手はここです

**安全を確保するだけではなく、
支えられている場所を感じてもらう。**

介助者がしっかりと支えているのだから安全なはず…、密着して抱えているのだから安心してもらえるはず…。そう思っている介助者も多いと思います。実際のところはどうなのでしょうか。利用者それぞれが感じていることは、本人にしかわかりません。しかし、支えられれば支えられるほど、抱えられれば抱えられるほど、自分で自分の動きをコントロールする余地はなくなります。

たとえば、自分の身に危険が迫っていると感じるときに、自由な動きが制約されるとしたらどんなに恐ろしいでしょう。それは、抱えられている利用者も同じかもしれません。介助によって利用者が自分の動きをコントロールすることが許されない状況にあるとすればどうでしょうか。安全を守り、安心して動いてもらいたいという介助者の思いとは裏腹に、介助によって恐ろしさを感じさせ、かえって動けなくさせてしまっているかもしれないのです。

利用者の身体を支えるときには、「**私の手はここです**」と声をかけて、まずはそっとふれます。それは、支えられている場所を感じていただくためです。利用者は、支えられている場所を知ると同時に、支えられていない場所を知ります。つまり、「支えられていないところは、あなたに任せます」ということを暗に伝えています。

赤ちゃんを抱くとき、慣れた人は、安全は守り、それでいて赤ちゃんの自由は奪わないような抱き方をすると思います。一方、不慣れな人は、安全を守ろうとして強く抱いてしまうので、途端に泣き出してしまいます。「支える」とは、必ずしも強い力であるべきものではないということがわかります。

両脇を支えていますから
安心して動いてください

やってみよう！

まずはそっと支える。

83

使いたい言葉 83

少しだけ私の手をゆるめていきます

一様の力で介助をするのではなく、介助の手をゆるめてみる。

　介助は、利用者と介助者の間で交わされる「取り引き」です。ある動作を介助者がすべて引き受ければ、利用者が行う動きはゼロになります。一方、その動作を行おうとする利用者の動きが少しでもあれば、介助者が引き受ける量は減ります。したがって、利用者に少しでも動いてもらいたいのであれば、介助者が行う手段の一つは、介助の手をゆるめてみることです。

　いつも一様の力やスピードで介助していると、利用者はその感覚に慣れていきますから、その動作を介助で行うなかで新たに自分から動き出すところや、その機会が訪れる可能性は低くなってしまいます。介助に慣れさせないためには、介助の手をゆるめて利用者の身体に入る刺激にあえて違いをつくることが大切です。

　介助の手を離すのは介助者にとっても恐ろしいでしょうし、急に介助の手が離れてしまうと利用者はその変化に対応できません。したがって、意識しすぎるくらいにゆっくりと、介助の手をゆるめていきます。そっと支えられていると、身体が過度に緊張しませんから、利用者は介助の手がゆっくりゆるめられるという小さな感覚の差異に気づくことができます。また、その変化を受け入れることもできます。受け入れられる小さな変化に対して身体は自律的（自動）に反応します。つまりゆるめられた分だけ利用者が力を出してくれます。

「**少しだけ私の手をゆるめていきます**」という言葉は、あえて口にしなくてもよいかもしれません。本人を信用して身体と身体でコミュニケーションをはかってみてください。

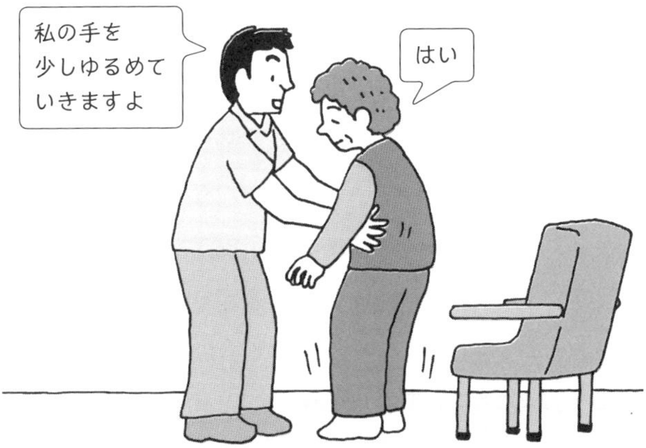

やってみよう！

意識しすぎるくらいにゆっくりと、
介助の手をゆるめてみる。

84

使いたい言葉 84

どちらかの手をゆっくりと離すことができそうですか？

時には、介助者や手すりにつかまる利用者の手をゆるめてもらう。

利用者の力を引き出すには、介助の手をゆるめていくだけでなく、介助者につかまる利用者の手をゆるめてもらうことも大切です。はじめてスケートを滑るときは、壁につかまった手をそーっと慎重に離して、まずはスケート靴で立っていられるように練習します。急に手を離しても、身体のバランスはついてきません。そーっと離していく経過のなかで、身体のバランスも少しずつ整っていくのでしょう。不安定な、心もとない状況で動くためには、どこかに依存し、安定を得ていた状態から、少しだけ自立しなければなりません。介助者が介助の手をゆるめるのも一つの手段ですが（言葉83、p178参照）、もっとよいのは、どこかにつかまっている手を利用者が自分から離してみることです。

何かを覚える（利用者の場合は動きを思い出す）には、自らのチャレンジは不可欠です。しかし、安全は何より大切ですから、利用者はどこかをつかんでいるその手を離す必要まではありません。その手を少しゆるめてみればよいのです。ゆるめられる量も気にする必要はありません。なぜなら、チャレンジできた分だけ、身体は自律的にがんばってくれるからです。一回のチャレンジでできたことは失われませんから、次は、もう少しだけゆるめてみます。あくまで本人が受け入れられる範囲でチャレンジすればよいのです。「**どちらかの手をゆっくりと離すことができそうですか？**」と声をかけてみてむずかしければ、「**手すりをつかんでいる力を少し弱めてみていただけますか？**」という声かけが有効です。弱められた分だけ、やはり利用者の身体はがんばり始めます。

手すりをつかんだ
手を少しゆるめて
みてください
おっ！　結構、
立っていられる…

やってみよう！

介助者や手すりにつかまる利用者の力をゆるめてもらうように依頼する。

コラム

手で見る

子どもや恋人と手をつないでいるとき、感じるのは相手の手ではなくて、その存在全体です[6]。介助もふれることで他者の身体とつながり、お互いの存在を感じ合いながら目的を果たす行為です。したがって、手に感じる利用者の動きは、身体の一部が動いているというものではなく、目的に向かう存在そのものを反映したものだといえそうです。他者と手をつないだとき、相手の感情まで伝わるように、介助という手段によってつながった身体から、利用者の気もちまで感じられるのでしょう。手で伝え、またその手に返される小さな動きを大切にしなければなりません。介助とは手で見る行為なのだと思います。

第 8 章

「環境」を整える

話しにくい環境、動き出しにくい環境というのは誰にでもあるものです。口数が減ったり、動きが少なかったりすると、病気や障害、気もちの衰えなど本人の内に原因を求めてしまいがちです。しかし、私たちが話したり、動いたりするのは自分の意思で行っているように見えて、実は環境に動機づけられている（促されている）ことが多分にあります。したがって、話さない、動かないのは介助者や環境など、本人の外に原因があるという発想でかかわることが、利用者の能力を見誤らないための大切な姿勢になります。

85

使いたい言葉 85

ベッドの高さが上がります

ベッドは、介助しやすい高さではなく、利用者が動きやすい高さに調節する。

多くの施設や在宅介護の現場では、電動の高さ調整機能がついたベッドが広く普及しています。ある程度、利用者の体格にあった高さに設定すれば、それほど頻繁にベッドの高さを調節することはないのではないでしょうか。しかし、心身機能が低下した人は、ベッドの高さ一つで、発揮できる能力に大きな影響が出ます。

たとえば、一人では寝返りを打つこともむずかしい人にとっては、床との高低差が「恐怖」になります。立ち上がれるかどうか微妙な人にとっては、数センチメートルの高さの違いでお尻が上がるか否かが決まります。また、ベッドを少し低くするだけで、靴をはくために自分から身体を前にかがめようとする動き出しがみられる人もいます。数秒のリモコン操作という、ほんのひと手間ですが、本人が感じる恐怖と安心、動き出しの有無は、毎日の積み重ねによって両極端な結果となり、利用者の生活をよくも悪くも変えるだけのものがあります。

　ベッドが少し高くなるだけで、股関節の曲がり方も変化しますので背筋が伸びます。そして、見える景色も変わります。入ってくる刺激が増えるので、自然と言葉や動きが発信されやすくなります。「**ベッドの高さが上がります**」という声かけは、「これならどうですか？」という伺いの意味をもつため、利用者が変化を感じて、動き出すきっかけになる可能性があります。したがって、利用者が動きやすいベッドの高さに調節するという介護技術をもっと使うべきだと思います。

やってみよう！

ベッドの高さを調節して、動き出すきっかけをつくる。

86

使いたい言葉 86

しっかりとした台を置きました

目的を果たせるというだけではなく、安定感をイメージできる物を利用する。

何か既製の道具がなくても、目的を果たすために身の回りの物で代用することはよくあります。物の形や大きさなどから使い方をイメージできるからだと思います。たとえば、テーブルは食事や作業を行う家具ですが、立ち上がるときにつかまる物、寄りかかって休む物にもなります。杖は歩くための補助具ですが、遠くの物を引き寄せる手の代わりにもなります。おそらく形だけではなく、使っている状況までもイメージできるから、実際に使うという行為に及ぶのでしょう。グラグラしたテーブルにつかまって立ち上がることはしないでしょうし、物を引き寄せるのに明らかに短い杖を使うこともありません。目の前に置かれた物にどのような印象をもつかによって、物と身体の関係、つまり物に対する身体の動き（反応）は変わります。

少しでも自分で立ちやすいように、支えとしてテーブルを使ってほしいのであれば、そこに利用者が安定感をイメージしているかどうかを気にかける必要があります。介助者の心身機能では“十分に支えになる”と感じられる物について、利用者も同じようにイメージするとは限りません。したがって、「**しっかりとした台を置きました**」と、言葉で伝えることで、安心して動き出せるように、それをどう使うか利用者がイメージできるようにします。

ベッドのサイドレールをL字バーに変更するだけで、起き上がり方が変わる利用者も多くいるくらい、目的を果たす機能があるというだけでなく、その物から利用者が安定感をイメージできることが大切です。

サイドレールのときは起き上がれなかったのに…！

意識してみよう！

つかまる物の安定感をイメージできるように伝える。

87

使いたい言葉 87

ベッドを触ってみましょうか？

動き方を伝えるより、動く先の対象を確認してもらう。

　動作は、慣れれば慣れるほどむだが少なく、かつ効率的に行えるようになります。たとえば、車いすからベッドへの移乗動作で考えてみると、いちいち立位にはならず、アームサポートすれすれ程度にお尻を上げた中腰で身体を回転させ、ベッドに着座します。つまり、生活動作のような毎日、何度も繰り返す動きは、身体と対象との間が最短距離で、かつ省エネで行われるものです。

　最短距離を測るには、自分と対象の位置関係を認識する必要があります。日常、問題なく動いているときには、位置関係の認識は、目測で十分に事が足ります。しかし、自分では自由に、十分に動けない場合は、目測だけでは距離や位置関係をつかめません。赤ちゃんは、何にでも近づいて、触って、なめて対象を知りますが、見たり、触ったり、動いたりする経験を積むうちに、見るだけでむだの少ない動きをするようになります。つまり、触ることで、対象の位置を知るとともに、対象を通して自分の位置を知ることができるからこそ、むだなく動けるようになるのだと思います。

「**ベッドを触ってみましょうか？**」「**どんな感触ですか？**」と声をかけ、対象を確認するだけで自然に動き出す人も多くいます。その動き出しに合わせて、対象に対して「最短距離」の動きになるように介助するとよいでしょう。利用者の身体は、最短距離の動きを覚えていますから、それを信用してゆっくりと介助すれば、さらに本人が力を発揮する可能性が広がります。

意識してみよう！

最短距離の動きで、ゆっくりと介助する。

88

使いたい言葉 88

私に身体をあずけていいですよ

身体を緊張させたままにせず、力を抜いてもらう。

必要な介助とはいえ、他者に身体を触られたり、動かされたりするとき、少なからず身体は緊張します。また、一人でうまく動けない状態では、ベッド上で心地よい姿勢を確保することもままならず、やはり身体は余計な緊張を強いられます。余計に緊張した状態にも身体は慣れてしまいますので、毎日の介助や、緊張したままの体勢が続くことで少しずつ身体がかたくなって戻らなくなっていきます。

緊張した状態では、介助など身体の外からの刺激に対して誤った受け止め方をしてしまいやすいですし、自分の姿勢や動きなどに対しても十分なフィードバックが得られず、思うように動けないという事態を招いてしまいます。ふだん私たちは意識的に力を抜くという対処をしますが、そもそも緊張した状態に身体が慣れてしまっていればそういうわけにはいきません。

介助の際、たとえば座位を保つときに「**私に身体をあずけて**

いいですよ」と声をかけてみてください。最初はなかなかうまくいきません。そのくらい力を抜くことがうまくできなくなっているのがわかります。しかし、介助者に身を委ね、力を抜くことができれば、自分の状態を感じられるようになり、それだけで自然に座位を保てるようになることもあります。ベッドに臥床(がしょう)していても、リラックスできていない利用者も多いです。枕やポジショニング用のクッションにしっかり身体を委ねることができているか気にしてみてください。

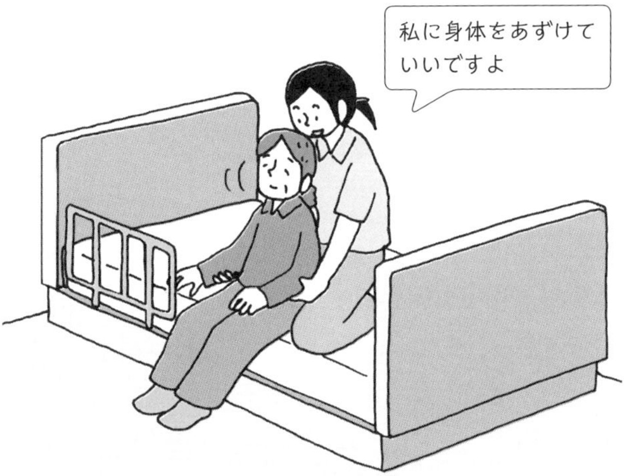

やってみよう！

介助者に身を委ね、力を抜いてもらう。

89

使いたい言葉 89

私の身体を使っていいですよ

介助において利用者の身体を「扱う」のではなく、利用者が介助者の身体を使う。

利用者が主体であるということは、介助者はその能力を補うために利用者が使う道具です。道具を使うという場面を想像してみると、その人が何か目的を果たすために、自分から道具に手が伸び、必要な使い方をします。当たり前ですが、道具のほうがその人に接近し、使わせるなんていうことはあり得ません。

人対人の介助では、そうもいっていられないと思うかもしれませんが、「利用者主体」という言葉は常識的に受け入れられているのですから、少なくとも“介助者の身体は利用者が使う道具”だという意識はもっていたいものです。その結果、道具のほうからその人に接近しない、つまり「動き出しは本人から」を実践することになります。

利用者主体の介助とは、「動き出しは本人から」を実践することです。介助において利用者の身体をどう扱うか、どう操作するかを「技術」とみなすのは本人主体と矛盾します。たとえ介助が必要であっても、身体を支えるという同じ行為も、介助者から利用者へ手が伸び、支えるのか、それとも利用者から介助者の身体をつかみに手が伸びるのかでは、お互い感じるものが違います。利用者から手が伸びた場合は、“介助者の身体を利用する”という目的になりますから、つかまり方も変わります。介助者もつかまれた肩や腕、腰を通じて利用者の身体の動き全体を感じることができます。

身体と身体で感じ合うからこそ、利用者の能力を引き出す介助になるのです。「**私の身体を使っていいですよ**」は、動き出しを引き出し、その意図を身体で受け止めるための言葉です。

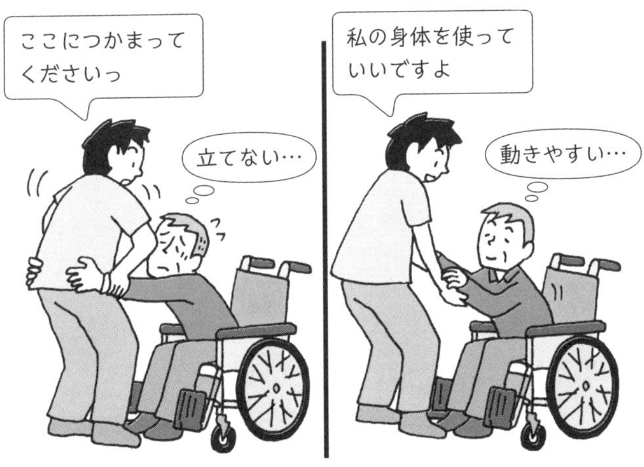

ここにつかまってくださいっ
立てない…
私の身体を使っていいですよ
動きやすい…

意識してみよう！

動き出しの意図を身体で感じる。

90

使いたい言葉 90

私の身体をさすってくれますか？

介助者が利用者にかかわるだけでなく、利用者から介助者にかかわってもらう。

身体と身体の関係には、感じ合い、気づき合いがあり、相手をコントロールしつつ、求めるなどと複雑な「駆け引き」が生じます。介助は、利用者の生活動作に対して行われるという意味では、利用者主体のものという認識でよいのだと思います。しかし、利用者の動き出しに気づいて、その動きの意図を感じとり、その動きを活かすのは介助者です。つまり結果的には介助者が利用者へかかわるものとなります。

リハビリテーションなどでは、動作が改善してくると、介助者による「施術」は少しずつ減り、むしろ積極的に動き出すために利用者から介助者へかかわっていくようになります。それが自立（主体的な動作）に近づくと理解されるわけですから、介助においても利用者から介助者の身体にもっとかかわってもらうという状況があってよいと思います。

自立に向かうほどは動けなくても、お互いの身体を利用し合う意味はあります。「**私の身体をさすってくれますか？**」という声かけにより、利用者のほうから介助者の身体へ手が伸びます。他者の身体をさすったり、もんだりするには、それだけ身体的に余裕がなければできません。ただ座っているだけではなく、介助者の身体に自らかかわるという行為が、座る力を引き出してくれます。また、身体と身体が直接かかわり合うことは、相手の温度や反応を身体で受け止めますから、言葉はなくても感情の交流がなされます。したがって、介助者が利用者へ施すだけでなく、利用者から介助者へかかわる場面が必要なのです。

やってみよう！

利用者にも介助者の身体をさすってもらう。

91

使いたい言葉 91

寝心地はどうですか？

見た目やルールに縛られず、
習慣や今、感じるものを大切にする。

「**寝心地はどうですか？**」このひと言だけでもずいぶん生活は変わります。身体の状態や介助量の違いによる個人差はありますが、利用者がベッド上で過ごす時間は長くなりがちです。健康で、自立して生活している人でも一日の約3分の1の時間はベッド上で過ごすのですから、その時間をいかに心地よくいられるかは、非常に重要であることはいうまでもありません。

介助量の多い利用者は、関節の拘縮予防や褥瘡（じょくそう）予防のために、一定時間ごとの体位変換が行われていたり、ポジショニングをすることも多いと思います。体位変換やポジショニングでは、利用者の心地よさが優先されなければなりません。どんなに形や角度が、ルールに従っていたとしても、それで本人が不快を感じ、無意識にも身体を強張らせているのであれば、関節の拘縮予防や褥瘡予防としては本末転倒だからです。

介助者が変わっても統一したポジショニングができるように

と、写真などで視覚的に共有することもありますが、その姿勢は、その時点では心地よいものであったかもしれませんが、今もそうとは限りません。また、人それぞれ習慣的に心地よい姿勢があると思います。単純に、左右どちら向きが楽なのかは、眠る際にはとても大事な要素です。少なくとも「**右向きと左向きでは、どちらが楽ですか？**」と確認して対応するだけでも、利用者は心地よく過ごすことができます。

心地よく過ごせたり、身体が多少でもリラックスして、自分で姿勢を整えられたりするのであれば、拘縮予防にも褥瘡予防にも有効です。2時間ごとの体位変換など、極端にルールに縛られる必要はありません。

やってみよう！

ポジショニングでは利用者の心地よさを確認する。

92

使いたい言葉 92

車いすの位置はここでいいですか？

介助者が車いすの位置を決めるのではなく、利用者が移乗しやすいと感じる位置に置く。

車いすの生活であっても自分で移乗する人の様子を見ると、当然ですが、車いすを引き寄せたり、向きを微妙に調節したりと、その都度、よい位置にセッティングしています。よく見ると、毎回、寸分違わず同じ場所にセッティングしているわけではありません。一方、介助量の多い人ほど車いすの位置は介助者によって決められています。極端な場合、床に印などを付けてルール化しているような対応も見かけます。

自立している人には移乗しやすいと感じる位置があり、自立していない人にはそれがないということはあり得ません。また、仮に介助者が決めた車いすの位置が利用者の能力との関係においてベストなものだったとしても、ベッドの位置がずれてしまっている場合もあります。また、ベッドからの移乗を考えても、毎回、座る位置がまったく同じということはありません。何より、利用者の身体の状態は日々異なります。したがって「**車いすの位置はここでいいですか？**」と確認してみるとよいと思います。その声かけに答えるには、車いすに手を伸ばしてみるという動き出しが必然になりますし、「少し遠いかな」などと感じるから、座る位置や角度を自ら調整しようという動き出しにつながっていきます。

利用者が移乗しやすいと感じる位置で移乗を行うのは、その位置を自分で探すという動き出しから開始されますので、移乗動作そのものが自分の動作として主体的に行われるようになります。移乗の際の車いすの位置なんて毎回、違っていてよいのです。

車いすの位置は
ここでいいですか？
もう少し
こっちかな

意識してみよう！

車いすの位置は毎回、違っていて構わない。

93

使いたい言葉 93

今日は私と歩きましょうか？

使用する歩行補助具は限定せず、さまざまな手段で歩行する機会をつくる。

杖や歩行器、車いすなど、手段を問わず生活のなかで移動する機会はとにかく大切です。ベッドから起き上がるという小さな移動からはじまり、居室からリビングやトイレへ、さらに屋外へと生活には常に移動が伴うものです。立ったり座ったりするだけでも足腰の筋肉を使います。当然、多様に、たくさん移動すれば、それだけ心身機能が働きます。同時に移動によって多くの刺激に出会います。見える景色の変化、音や匂いを感じ、また何より人との交流があり、食べる、話すなど何かをする動機が芽生えるチャンスが増えます。私たちが、特別に身体を鍛えるような習慣がなくても健康が維持される理由は、当たり前の日常に隠れていることを身をもって知らされます。

したがって、少しの距離でも歩行してもらう、車いすを自走してもらうのはとても意味のあるかかわりです。独歩や手引き、杖、歩行器など手段は何でもよいですが、限定せずにいくつかの手段を併用するのがよいと思います。介助の手段や補助具は利用者の能力を補うものですが、言い換えると、補われた部分は使わないままに衰えてしまう可能性もあります。たとえば、歩行器にぶら下がるように歩いている人が、気がつくと足腰が衰え、歩けなくなっていたということも往々にしてあります。ふだん歩行器で歩いている人は、たまに手引きで歩行するだけでも足腰を使う機会となり、歩行器での歩行も長く維持されることにつながる場合もあります。「**今日は私と歩きましょうか？**」と、手段を変えることでお互いの関係性も新鮮なものになるかもしれません。

やってみよう！

少しの距離でも歩行してもらう。
車いすは自走してもらう。

94

使いたい言葉 94

腰の位置を少しずらしておきますね

いきなり動きを求めるのではなく、動き出しやすいように身体の位置を整える。

同じ姿勢が長く続いた後に動き出すには、結構な労力を使います。これは、私たちがふだんの生活でも経験していることです。朝、目覚めた直後などは、すぐに身体は反応してくれません。特にポジショニングを必要としている利用者は、自分で姿勢を変えたり、整えたりするのがむずかしいわけですから、ポジショニング用のクッションなどを外して起き上がりを求めても、動き出しがみられないのはよくあることです。だからといって、いきなり動作を介助してしまうのはもったいないと思います。

通常、動作をするときは、姿勢をほんのわずかに整えるなど、動作に先行して準備の動きをしています。それによって楽に動作ができる、つまり、動き出しやすくなります。したがって、動き出しやすいように身体の位置を整えるという準備だけを介助して、あとは本人の動き出しを求めてみてはどうでしょうか。たとえば、「**腰の位置を少しずらしておきますね**」と声をかけて、起き上がる側に少し腰をひねったり、立ち上がる前に少しお尻の位置を前に出すなどの介助をして、「これならどうですか。起き上がれそうですか？」「立ち上がれそうですか？」と伺うのです。ほんの少し準備をするだけで、動作のすべてを介助することを避けられるかもしれません。身体の位置が変わることで感覚がリセットされ、動き出しやすい状態が整うのだと思います。

いきなり動くのは誰でも大変です。準備というひと手間をかけることで、利用者の動き出しに出会えると思います。

意識してみよう！

動き出しやすいようにひと手間かける。

95

使いたい言葉 95

座り直しを
お願いします

移乗後の座り直しはすぐに介助せずに、本人にやってもらう。

起き上がった後や車いすへ移乗した後は、お尻の位置が浅すぎたり、身体が斜めになっていたりと必ずといってよいほど座り直しが必要です。介助者が何もしなくても、自ら座り直すことができる利用者は、自分の身体の状態を感じられていますし、自分で何とかしようとするのですから、褥瘡(じょくそう)など皮膚トラブルのリスクも比較的抑えられると思います。つまり、自分で快、不快を感じて自分で対処するという当たり前のことを基本として、移乗後の座り直しにもかかわるべきです。

移乗後は、すぐに座り直す介助をするのではなく、まずは「**座り直しをお願いします**」と声をかければよいのです。実際に体験してみると、他者に直された車いすの座位姿勢は、必ずしも心地よく、安楽が得られるものではないことがわかります。他者に直されたその姿勢を、あらためて自分で調整していたりします。介助者は、知識と経験から利用者が安楽、かつ動きやすいであろう姿勢をつくることはできます。しかし、それが本当に安楽で動きやすい姿勢かどうかを客観的に知ることはできません。危険のない範囲で、多少曲がっていても、お尻の位置が浅くても本人が直した位置が安楽である場合もあるでしょう。

まずは、すぐに介助せず、本人に直してもらい、その後、「座り心地はどうですか？」「少しお尻の位置を整えておきましょうか？」など、介助者がよかれと思う調整を伺ってみてはどうでしょうか。自分ではほとんど座り直しができないような人でも、座り直しの介助の際にアームサポートをつかんでもらうなど、本人が主体的に姿勢を直す状況だけは残したいものです。

座り心地は
どうですか？
この姿勢が
楽なのよね…

意識してみよう！

本人の座り直した姿勢を尊重する。

96

使いたい言葉 96

十分に力が入っていますよ

マイナスの表現は避け、プラスの表現で身体の状態を伝える。

病気や骨折などによる入退院の後や、転倒、転落を経験した後には、自分の身体に自信がもてなくなる利用者は多いと思います。その結果、能力に見合わない過介助を受けてしまい、それがいつの間にか当たり前になってしまうことにもなりかねません。

高齢になれば、心身機能が衰えるのは当然の成り行きですから、以前の状態と比較すれば衰えがみえ始めている部分はいくらでも見つかります。したがって、「ちょっとふらついてしまいますね」「膝折れしてしまいますね」など、介助の際に、ついマイナスな表現をしてしまうことがあります。衰えや不安は、利用者自身が直面しています。また、心身機能のマイナスはすぐに解消されるようなものではありません。むしろ「**十分に力が入っていますよ**」など、プラスの表現で身体の状態を伝えるとよいと思います。利用者は今の心身の状態でできることをしているのですから、十分に力は入っているのです。ふらつきがみられれば危ないのはいうまでもないことですので、「危ない」というマイナスの表現は避けて、「大丈夫ですよ。私がいますから安心して動いてください」くらいの声かけでよいと思います。

やらなくなったことは、時間が経つほど自信が揺らぎます。したがって、さらにやらなくなるという悪循環に陥ります。自信はないけれどやってみた、その動きをすべて肯定します。「恐ろしいけれど大丈夫だった」「膝が抜けそうだったけれどがんばれた」など、自分の身体を感じることが自信の回復にとって大切です。やらないことができるようになる可能性はゼロなのですから。

意識してみよう!

利用者の動きはすべて肯定する。

コラム

探りを入れる

日常生活動作は、毎日の繰り返しのなかで楽に、かつ効率よく動けるよう学習されたものです。それは、加齢などによる身体の変化に応じたものでもあるといってよいでしょう。高齢になれば身体の使い方は変化します。またそれは、個人によって異なるものです。楽に、効率よく動くためには、身体の衰えを補う環境が必要になります。杖にしても手すりにしても、どう身体をあずけるか、どう使うかは、本人がその環境に探りを入れなければ解決しませんし、探りながら動きやすい使い方を感じて、その先の動きまでイメージするものだと思います。動作はそうして学習されるものだと考えますと、利用者自らが環境に探りを入れる、それを促すのも介護技術といえます。

第 9 章

生活をスタートさせる

利用者主体の介護とは、毎日、繰り広げられる生活のほんの小さな場面であっても、本人が主役の場面をつくるということを意識することではないかと思います。ちょっとした動作を「本人事」にする6つの言葉を紹介します。それを習慣的に使うことで、小さな本人事が利用者にとって当たり前になれば、それこそが生活する主体としての本人のありようといえます。

97

使いたい言葉 97

起き上がりますので、ふとんをめくっていただけますか？

ふとんをめくることも本人事にする。

「ふとんをめくっていただけますか？」は、「使いたい言葉22」（p46参照）で、何から開始するかを明確に伝える言葉として紹介しました。ここでは、生活を本人事としてスタートさせる大切な言葉としてあらためて使わせてもらいます。

介助が必要な利用者が起床する際に、ふとんをめくるのは介助者の仕事になっていないでしょうか。足元まできれいにめくるまではいかなくても、胸元を少しめくるくらいの動きもできない利用者は、ほとんどいないはずです。誰でもできる、しかも、どの動作よりも最初に必要な動きです。したがって**「起き上がりますので、ふとんをめくっていただけますか？」**というひと言は、“生活を本人事としてスタートさせる重要なコミュニケーション”になります。しかし、「ふとんをめくっていただけますか？」と尋ねてみると、「できない」と、あっさり言う人が実に多いように思います。ふとんをめくる（かける）ことを、いかに自分でやっていないかが表れる場面です。というより、いかにそれをさせてもらえていないかを表しています。本人事として生活がスタートしていないのだから、その後の動作にも動き出しはみられません。したがって、介助するのが当たり前…、という悪循環になってしまうことも考えられます。

ふとんを自分でめくるという簡単な行為によって、その悪循環を断ち切り、利用者の本当の能力を見られる可能性が高まります。「ふとんをめくっていただけますか？」という声かけは、単にふとんをめくるという行為ではなく、次の動作を主体的なものへとつないでくれます。

起き上がりますので、ふとんをめくっていただけますか？

やってみよう！

ふとんをめくってもらい、
本人事として生活をスタートしてもらう。

98

使いたい言葉 98

クッションを外しますので、協力をお願いします

ポジショニングのクッションを外すことも本人事にする。

ふとんをめくるのと同様に、ポジショニングしたクッションなどを外すことも介助を始める前に行う行為の一つだと思います。つい、機械的に無造作に外してしまいがちですが、ここにも本人事として、次の動作につなげる大切な要素があります。

たとえば、「**背中のクッションを外しますので、協力をお願いします**」と声をかけると、利用者は、クッションが外れやすいように背中を少し寄せる動きをしてくれます。「**足の下のクッションを外しますので、協力をお願いします**」と声をかけると、足を少しだけもち上げようとする動きをします。寝返り、起き上がりなど実際の動作では、協力しているとわかるほどの動きがみられない人も、このようなクッションを外すときに、協力してくれるのを感じることがあります。それは、動作の介助のときにも、実は利用者は介助に協力しようとしてくれているということに気づかされる場面です。クッションを抜く

ときの摩擦が少し軽くなる。それだけで利用者の動きを感じられてうれしくなります。利用者もクッションが抜かれる摩擦感があることで協力する動きの方向がわかり、力を発揮しやすいのだと思います。

　ふだん、ほとんど動きがみられず、全介助が必要だと思われている人にこそ「**クッションを外しますので、協力をお願いします**」と伝えてみてください。利用者に動き出しがあると気づくことができますし、何より、少しでも本人事としての生活にする機会にもなります。

背中のクッションを外します。
協力をお願いします！
はい

やってみよう！

クッション外しに協力してもらう。

99

使いたい言葉 99

枕の位置を整えますので、頭を上げていただけますか？

枕の位置を介助で整えるのではなく、頭を上げてもらい本人事にする。

頭は体重の約10%の重さがあり、かつ身体の先端にありますから、頭を上げるだけでも相当な力を使います。手足は動くのに自分で起き上がることができなくなる理由の一つに、頭を持ち上げ、さらにその状態を維持するだけの力が出せなくなっていることが考えられます。

そのような人に対しては、頭だけ介助で支えると、ほとんど自分で起き上がることができる場合もあります。臥床（がしょう）しているとき以外は、常に頭は重力に抗い、保持しなければなりませんので、頭を上げる力を維持することは大切です。

頭を自分で持ち上げることがむずかしい人にとっては、枕の位置を心地よく整えるという当たり前のことさえ満たされていないと想像しなければなりません。枕の位置は、つい介助で整えてしまいやすいものです。しかし、枕の位置を整えるのは、一瞬でも頭が上がれば済みますし、もし頭を上げられなくても、上げようとするだけである程度の力は使います。

枕の位置を整えるタイミングは、一日に何度もあります。その一回一回の積み重ねが1か月、1年後も今の身体の機能を維持するための大切な機会になります。しかも「**枕の位置を整えますので、頭を上げていただけますか？**」という介助者からのお願いに対して、意外にも協力してもらえる反応が多いように思います。頭を上げ続けるのは大変でも、簡単な動きですし、一瞬で済むという見通しがはっきりしていますので、介助量が多くなっている利用者にとっても受け入れやすいのでしょう。

枕の位置を整えますので、
頭を上げていただけますか？

やってみよう！

枕の位置を整えるタイミングで頭を上げてもらう。

100

使いたい言葉 100

血圧を測りますので、腕を出していただけますか？

血圧を測る腕を介助者がとるのではなく、利用者から出してもらい本人事にする。

病院や施設での生活は、利用者も介助者も気づかないうちに、利用者にとっての本人事が失われていきやすいように思います。ささいなことのように思えるかもしれませんが、たとえば血圧を測る際に介助者から利用者の腕をとりにいったり、体温計を利用者の腋に差し込んだりと、少しずつ「してもらうこと」に変化して、その生活が当たり前になっていきます。歩く、トイレに行くなど、大きな動作が本人事であるのはもちろん大切ですが、それらの目に留まりやすい動作が果たされるのは、意識されることもない小さな本人事が本人事としてなされているからなのではないかと思います。

介助者が腕をとるのか、利用者から腕を差し出すのか、おそらくそれによって血圧は変わりません。しかし、管理の対象として日々のデータを残す行為なのか、主体的に自分の身体の状態に関心をもつきっかけになる相互行為になるのかは変わってくると思います。「**血圧を測りますので、腕を出していただけますか？**」「**体温計を腋に入れていただけますか？**」などの声かけによって、腕を差し出そうとしたり、体温計を自分で腋に差し込もうとするだけでいいのです。なぜなら、十分にふとんから腕を出せなくても、体温計をしっかりと腋に差し込むことができなくても、それはすべて本人事としての「動き出し」だからです。

　ある場面で小さな本人事がみられれば、他の場面でもそれを期待できるはずです。特別な介護技術はなくても、利用者の小さな本人事を奪わないだけでも「利用者を正しく理解する」という大切な基本が備わります。

血圧を測りますので、
腕を出していただけますか？
今日はどのくらい
かしら…？

意識してみよう！

利用者の小さな“本人事”を奪わない。

101

使いたい言葉 101

やっていていいですよ

利用者の動き出しは制止せず、
躊躇なく動いてもらう。

車いすが目の前に用意されるとアームサポートに手が伸びる、便座の前に立てばズボンを下げようとする、立ち上がれば歩こうとするなど、身体は状況に応じて無意識に反応します。

利用者の動き出しに対して「動いたら危ないですよ」「待っていてください」と言ってしまうことはありませんか。もちろん、危なく見えることもあるでしょう。しかし、それは介助者の目線です。いったん、動き出しを制止して、介助者の準備が整った段階であらためてやってもらっても、その動きはもう現れない場合も多いと思います（言葉59、p126参照）。そして、やっぱりできない、危ないからさせないほうがよいという判断が「正しい」ものになってしまいます。利用者にとっては動き出している「今」が、動くには絶好の機会なのです。したがって介助者は、その機会を自分の都合で逃さないように配慮しなければなりません。つまり「**やっていていいですよ（すぐに行きます**

から)」と、その動き出しを止めないことです。たとえば、目の前の小川を飛び越えられるのは躊躇なく行えるときです。一瞬の躊躇によって飛べないときもあります。つまり“躊躇なく動いているときがその動作がうまくいく絶好の機会”ということです。本人事を妨げないかかわりが大切です。

動き出しを危ないものとして制止すれば、次に動き出すのを躊躇してしまいます。躊躇してしまうと身体は動いてくれません。「危ないですよ」「待っていてください」というひと言によって、できなくさせているのは介助者なのかもしれません。

意識してみよう！

躊躇なく動いているときが絶好の機会ととらえる。

102

使いたい言葉 102

すべてうまくいっています

否定せず、すべて肯定する。

利用者の言葉や動きは、その時点で本人が発信したものです。過去ではなく「今」のものです。認知症でも、身体に障害があっても「今」本人が発信している言葉と動きは、すべて正しいものとして受け止めなければなりません。介助者を基準に、あるいは本人の過去を基準にするから修正したくなり、否定の言葉が出てしまいます。

立派な大人がわざとわからないふりをしているわけではなく、わざと聞き取りにくい言葉を発しているわけでもありません。わざと動けないふりをしているわけでも、わざと危ない動きをしているわけでもありません。その時点での真摯な発信です。つまり、利用者の発信はすべて正しいものであり、肯定する態度で受け入れればよいのです。理解しているという前提で話しかければよいのですし、何か伝えようとしているという前提で話を聞けばよいのです。「〇〇できますか？」という言葉が届いているから、それに応じようとするわずかな動き出しがあり、介助者にそれが見えるのです。また、利用者の言葉から伝えたい内容を感じ取ることができます。

わずかな動き出しだけ見れば、“いつもと変わらない介助が必要な利用者”に見えたとしても、あるいは単に危ない動きに見えたとしても、「今」の身体で行う真摯な動作だと想像すれば、「**すべてうまくいっています**」「**それでいいですよ**」と肯定する言葉が当たり前になります。

人生は経験の連続で、そこに感動があり、慈しみ、悲しみ、よろこび、憂いがあるからこそ生活なのだと思います。利用者の動き出しという小さな、しかし大切な経験を奪わないためにも否定せず、すべて肯定しましょう。

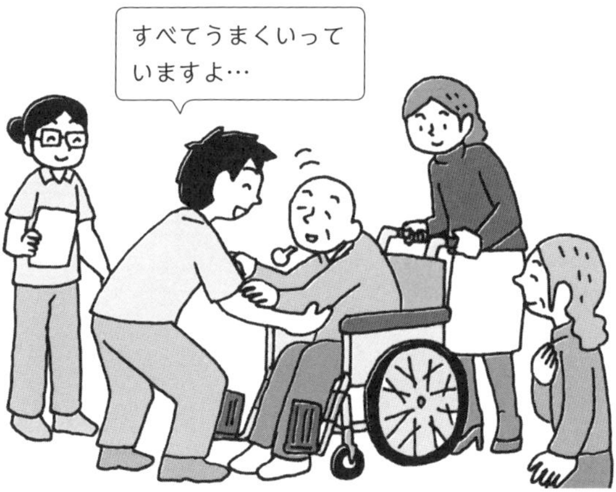

意識してみよう！

利用者の発信はすべて肯定する。

引用文献

1）大堀具視『利用者の思いに気づく、力を活かす 「動き出しは本人から」の介護実践』中央法規出版、p63-64、2019
2）ジョナサン・コール、茂木健一郎監訳、恩蔵絢子訳『顔の科学 自己と他者をつなぐもの』PHP研究所、p239、2011
3）同上、p251
4）同上、p263
5）鴻上尚史・佐藤直樹『同調圧力　日本社会はなぜ息苦しいのか』講談社、p142、2020
6）伊藤亜紗『目の見えない人は世界をどう見ているのか』光文社、p139、2015

関連書籍・DVD

「動き出しは本人から」とは、
利用者主体の介護を実践する取り組みです。

本書で紹介した102の言葉を使うことで、「動き出し」の先に利用者の本当の姿が見えてきます。その人らしさに気づかされます。したがって、日々のかかわりは必ず変わります。

「動き出しは本人から」を日々の介護実践に活かす方法については、「動き出しは本人から」の考え方と介護場面での実践方法を詳しく解説した、既刊『利用者の思いに気づく、力を活かす　「動き出しは本人から」の介護実践』と同DVDが役立ちます。

利用者の思いに気づく、
力を活かす
「動き出しは
本人から」
の介護実践

- 大堀具視　編著
- 定価 本体2,200円(税別)
- B5判、174頁
- ISBN978-4-8058-5853-0

DVD
利用者の思いに気づく、
力を活かす
「動き出しは
本人から」
の介護実践

- 大堀具視　監修
- 価格 本体12,000円(税別)
- 122分
- ISBN978-4-8058-5857-8

介護の基本がわかり、介助者が変わる！

「介護」の場面において、なぜ、利用者から動き出すことが大切なのか？　「動き出しは本人から」の考え方を理解することで、介護の基本をあらためて考える機会となります。その結果、介助者のかかわり方が変わり、利用者主体の介護が当たり前に実践できるようになります。

事業所内の研修に役立つ！

「寝返り」「起き上がり」「立ち上がり」「移乗・移動」など、基本的な介護場面を取り上げ、「動き出しは本人から」の考え方を共有し、介助に活かす方法を解説しています。実践演習を取り入れた事業所内研修、新人研修にも役立ちます。

映像から利用者の思いや力が伝わる！

ＤＶＤの映像は、多くの利用者にご協力いただき、実際の介護場面で撮影したものを収載しています。介助の方法のほか、本書のテーマである「コミュニケーション」についても学ぶことができます。利用者・介助者の変化はもちろん、利用者と介助者のやりとりを通して、「場の共有」や「間」の重要性など、「動き出しは本人から」のコミュニケーションの実際をご覧いただけます。

おわりに

相手に対する態度は、コミュニケーションに表れます。そして、「上から目線」「指示」「否定」などの態度は、私たち一人ひとりに潜む隠せない本質であることを、まずは受け入れる必要があります。

「楽しいから笑うのではなく、笑うから楽しいのだ」（ウィリアム・ジェームズ）という言葉があるように、あえて利用者主体のコミュニケーションを意識することで、真に相手を尊重する態度が備わるのではないかと思います。介護における利用者と介助者の間のコミュニケーションは、「技術」として身につけるようなものではなく、年齢や立場をふまえた、ふつうで対等な態度を基本とし、かかわり合いのなかで自律的に発展していくものではないでしょうか。しかし、介助という行為の性質上、言葉だけではなく身体と身体が交わし合うコミュニケーションは、どうしても介助者がリードするものとなりやすいように思います。

そこで本書では、誰でも使うことができる利用者主体のコミュニケーションを102の言葉と具体的な場面で紹介しました。これらの言葉を使ってみた結果、利用者の発信が見えるようになったり、感じられたり、受け止められたりするだけで、コミュニケーションを対等なものへと変えることができます。

拙著『利用者の思いに気づく、力を活かす　「動き出しは本人から」の介護実践』（中央法規出版、2019）の発行後、

「動き出しは本人から」を実践することで、利用者主体の介助となり、利用者の本当の能力に気づくことができるようになったという声が、多くの介護現場から寄せられました。しかし一方で、「動き出しは本人から」が大切なのはわかる…。でも待てない、介助の手が先に出てしまう、長続きしない、他の職員にうまく伝えられないなど、現場の介護職員のさまざまな葛藤もみえてきました。

そこであらためて「動き出しは本人から」という視点で介助を映像で振り返ってみると、いくつかの大切なコミュニケーションがあることがわかりました。それは、利用者が主体となるためのいたってシンプルなものでした。それらを誰でも使えて、かつ自然と「利用者主体」の態度が身につき、介助が変わっていくための提案としてまとめたのが、この本で示した９つのポイントと102の言葉です。

利用者主体の介助に変わる最短の手段は、まずはコミュニケーションを変えることです。技術で利用者を治したり、変えたりするのではなく、変わるべきは私たち介助者なのです。

著　者

大堀具視（おおほりともみ）

日本医療大学保健医療学部リハビリテーション学科教授
作業療法士

1967年北海道生まれ。

回復期リハビリテーション病院勤務を経て、作業療法士の養成教育に従事。その後、総合病院に勤務し、2016年から現職。これまで多くの介護施設、病院等にて、介護、看護、リハビリテーション職員とともに、利用者主体の介護（「動き出しは本人から」）を実践。近年では、全国で病院・施設職員等を対象にした「動き出しは本人から」の研修を行っている。著書として『利用者の思いに気づく、力を活かす　「動き出しは本人から」の介護実践』、監修として『DVD 利用者の思いに気づく、力を活かす　「動き出しは本人から」の介護実践』（いずれも中央法規出版）がある。

利用者の“動き出し”を引き出すコミュニケーション

「動き出しは本人から」を実践する102の言葉

2021年4月1日　発行

著　者　大堀具視
発行者　荘村明彦
発行所　中央法規出版株式会社
〒110-0016
東京都台東区台東3-29-1　中央法規ビル
営業　TEL 03-3834-5817　FAX 03-3837-8037
取次・書店担当　TEL 03-3834-5815　FAX 03-3837-8035
https://www.chuohoki.co.jp/

本文・装丁デザイン：mg-okada
イラスト：堀江篤史
印刷・製本：株式会社アルキャスト

定価はカバーに表示してあります。
ISBN978-4-8058-8291-7